CINCO MINUTOS COM DEUS
e
Papa Francisco

Cinco minutos com Deus e...

• *Abbé Pierre* – Alessandro Berello

• *Irmã Dulce* – Luzia M. de Oliveira Sena

• *João Paulo II* – Maurizio Scagliotti

• *Madre Teresa* – Roberta Belinzaghi

• *Padre Zezinho* – Luzia M. de Oliveira Sena

• *Papa Francisco* – Luzia M. de Oliveira Sena

• *Raniero Cantalamessa* – Dario Gallon

• *Santa Teresa d'Ávila* – Luiz Alexandre Solano Rossi

• *Santa Teresinha* – Luzia M. de Oliveira Sena

• *Tiago Alberione* – Luzia M. de Oliveira Sena

CINCO MINUTOS COM DEUS
e
Papa Francisco

Luzia Sena (org.)

Dados Internacionais de Catalogação na Publicação (CIP)
(Câmara Brasileira do Livro, SP, Brasil)

Cinco minutos com Deus e Papa Francisco / Luzia Sena, (org.).
– São Paulo : Paulinas, 2014. – (Coleção cinco minutos
com Deus)

ISBN 978-85-356-3734-2

1. Fé   2. Francisco, Papa, 1936-   3. Oração   4. Palavra de
Deus (Teologia)   5. Vida cristã   I. Sena, Luzia.

14-02224   CDD-231

Índice para catálogo sistemático:

1. Deus : Teologia cristã   231

1ª edição – 2014
5ª reimpressão – 2019

Citações bíblicas: *Bíblia Sagrada*. Tradução da CNBB. 7. ed., 2008.
Textos do Papa Francisco reproduzidos com autorização da Libreria Editrice Vaticana, © 2014

Direção-geral: *Bernadete Boff*
Editora responsável: *Andréia Schweitzer*
Copidesque: *Ana Cecilia Mari*
Coordenação de revisão: *Marina Mendonça*
Revisão: *Sandra Sinzato*
Gerente de produção: *Felício Calegaro Neto*
Projeto gráfico: *Manuel Rebelato Miramontes*

*Nenhuma parte desta obra poderá ser reproduzida ou transmitida
por qualquer forma e/ou quaisquer meios (eletrônico ou mecânico,
incluindo fotocópia e gravação) ou arquivada em qualquer sistema ou
banco de dados sem permissão escrita da Editora. Direitos reservados.*

Paulinas
Rua Dona Inácia Uchoa, 62
04110-020 – São Paulo – SP (Brasil)
Tel.: (11) 2125-3500
http://www.paulinas.com.br – editora@paulinas.com.br
Telemarketing e SAC: 0800-7010081

© Pia Sociedade Filhas de São Paulo – São Paulo, 2014

Apresentação

Em sua Exortação Apostólica *A alegria do Evangelho*, Papa Francisco nos fala da alegria que "enche o coração e a vida inteira daqueles que se encontram com Jesus" e convida a todos os cristãos, onde quer que estejam ou sejam quais forem as situações em que se encontrem, "a renovar hoje mesmo o seu encontro pessoal com Jesus Cristo ou, pelo menos, tomar a decisão de deixar-se encontrar por ele, de procurá-lo dia a dia, sem cessar. [...] Quem arrisca, o Senhor não desilude; e quando se dá um pequeno passo em direção a Jesus, descobre-se que ele já aguardava de braços abertos a sua chegada", continua o Papa.

Esta obra deseja ser um incentivo a mais para ajudar você encontrar-se com Jesus. Em meio às inúmeras atividades e preocupações que envolvem o seu cotidiano, *Cinco minutos com Deus e Papa Francisco* é um convite para que você reserve alguns minutos do seu dia para um encontro pessoal com Deus. Ele está a sua espera, de braços e coração abertos! A Palavra de Deus o introduzirá nesse encontro. Fazendo eco à Palavra de Deus você terá as palavras simples e, ao mesmo tempo, sábias, profundas, iluminadoras do Papa Francisco. São palavras que transmitem esperança, confiança, amor e fé, que brotam do coração de um "companheiro de Jesus", um jesuíta, que aprendeu com o seu Mestre a viver na simplicidade e na pobreza, a não ter medo da ternura, a fazer-se próximo de todos, construindo assim a cultura do encontro, da amizade, a globalização da solidariedade, da fraternidade, do amor.

Na celebração de acolhida aos jovens, por ocasião da Jornada Mundial da Juventude, em 25 de julho de 2013, no Rio de Janeiro, o Papa Francisco nos recordava que "todos nós temos muitas vezes a tentação de nos colocarmos no centro, de crer que somos o eixo do universo e que sozinhos construímos nossa vida, ou pensar que o ter, o dinheiro e o poder é o que dá felicidade. Mas todos sabemos que não é assim. O ter, o dinheiro e o poder podem oferecer um momento de embriaguez, a ilusão de ser feliz, mas, no final, nos dominam e nos levam a querer ter cada vez mais, a não estar nunca satisfeitos!". A fome de felicidade e de amor que trazemos no mais profundo do ser, só Deus pode saciá-la plenamente.

Que este livro favoreça o seu encontro com Deus!

Luzia M. de Oliveira Sena, fsp

1

Fui eu que vos escolhi

"Não fostes vós que me escolhestes; fui eu que vos escolhi e vos designei, para dardes fruto e para que o vosso fruto permaneça. Assim, tudo o que pedirdes ao Pai, em meu nome, ele vos dará. O que eu vos mando é que vos ameis uns aos outros."

(Evangelho de João 15,16-17)

Vós sabeis que o dever do conclave era dar um bispo a Roma. Parece que os meus irmãos cardeais foram buscá-lo quase no fim do mundo... Eis-me aqui! Agradeço-vos o acolhimento: a comunidade diocesana de Roma tem o seu bispo.

E agora iniciamos este caminho, bispo e povo... este caminho da Igreja de Roma, que é aquela que preside todas as Igrejas na caridade. Um caminho de fraternidade, amor, confiança entre nós. Rezemos sempre uns pelos outros. Rezemos por todo o mundo, para que haja uma grande fraternidade.

E agora quero dar a bênção, mas antes... antes, peço-vos um favor: antes de o bispo abençoar o povo, peço-vos que rezeis ao Senhor para que me abençoe; é a oração do povo pedindo a bênção para o seu bispo. Façamos em silêncio esta oração vossa por mim.

Agora vos darei a bênção, a vós e a todo o mundo, a todos os homens e mulheres de boa vontade.

2

Por que me chamo Francisco?

André, irmão de Simão Pedro, era um dos dois que tinham ouvido a declaração de João e seguido Jesus. Ele encontrou primeiro o próprio irmão, Simão, e lhe falou: "Encontramos o Cristo!" (que quer dizer Messias). Então, conduziu-o até Jesus, que lhe disse, olhando para ele: "Tu és Simão, filho de João. Tu te chamarás Cefas!" (que quer dizer Pedro).

(Evangelho de João 1,40-42)

Deixai que vos conte como se passaram as coisas. Na eleição, tinha ao meu lado o Cardeal Cláudio Hummes, o arcebispo emérito de São Paulo: um grande amigo, um grande amigo! Quando o caso começava a tornar-se um pouco "perigoso", ele animava-me. E quando os votos atingiram dois terços, surgiu o habitual aplauso, porque foi eleito o papa. Ele abraçou-me, beijou-me e disse-me: "Não te esqueças dos pobres!". E aquela palavra gravou-se-me na cabeça: os pobres, os pobres. Logo depois, associando com os pobres, pensei em Francisco de Assis. Em seguida, pensei nas guerras, enquanto continuava o escrutínio até contar todos os votos. E Francisco é o homem da paz. E assim surgiu o nome no meu coração: Francisco de Assis. Para mim, é o homem da pobreza, o homem da paz, o homem que ama e preserva a criação... (Francisco) é o homem que nos dá este espírito de paz, o homem pobre... Ah, como eu queria uma Igreja pobre e para os pobres.

3

Francisco e o amor aos pobres

João Batista, estando na prisão, ouviu falar das obras do Cristo e mandou alguns discípulos para lhe perguntar: "És tu, aquele que há de vir, ou devemos esperar outro?". Jesus respondeu-lhes: "Ide contar a João o que estais ouvindo e vendo: cegos recuperam a vista, paralíticos andam, leprosos são curados, surdos ouvem, mortos ressuscitam e aos pobres se anuncia a Boa-Nova. E feliz de quem não se escandaliza a meu respeito!".

(Evangelho de Mateus 11,2-6)

Como sabeis, há vários motivos que, ao escolher o meu nome, me levaram a pensar em Francisco de Assis, uma figura bem conhecida mesmo além das fronteiras da Itália e da Europa, inclusive entre os que não professam a fé católica. Um dos primeiros é o amor que Francisco tinha pelos pobres. Ainda há tantos pobres no mundo! E por tanto sofrimento passam essas pessoas!

Mas há ainda outra pobreza: é a pobreza espiritual dos nossos dias, que afeta gravemente também os países considerados mais ricos. E assim chego à segunda razão do meu nome. Francisco de Assis diz-nos: trabalhai por edificar a paz. Mas, sem a verdade, não há verdadeira paz. Não pode haver verdadeira paz, se cada um é a medida de si mesmo, se cada um pode reivindicar sempre e só os próprios direitos, sem se importar ao mesmo tempo com o bem dos outros, com o bem de todos, a começar pela natureza, comum a todos os seres humanos nesta terra.

4

Pontífice: construtor de pontes

"E vós", retomou Jesus, "quem dizeis que eu sou?". Simão Pedro respondeu: "Tu és o Cristo, o Filho do Deus vivo". Jesus então declarou: "Feliz és tu, Simão, filho de Jonas, porque não foi carne e sangue quem te revelou isso, mas o meu Pai que está no céu. Por isso, eu te digo: tu és Pedro, e sobre esta pedra edificarei a minha Igreja, e as forças do inferno não poderão vencê-la. Eu te darei as chaves do Reino dos Céus: tudo o que ligares na terra será ligado nos céus, e tudo o que desligares na terra será desligado nos céus".

(Evangelho de Mateus 16,15-19)

Um dos títulos do Bispo de Roma (o papa) é pontífice, isto é, aquele que constrói pontes, com Deus e entre os homens. Desejo precisamente que o diálogo entre nós ajude a construir pontes entre todos os homens, de tal modo que cada um possa encontrar no outro não um inimigo nem um concorrente, mas um irmão que se deve acolher e abraçar. Além disso, as minhas próprias origens impelem-me a trabalhar por construir pontes. Na verdade, como sabeis, a minha família é de origem italiana; e assim está sempre vivo em mim este diálogo entre lugares e culturas distantes, entre um extremo do mundo e o outro, atualmente cada vez mais próximos, interdependentes e necessitados de se encontrarem e criarem espaços efetivos de autêntica fraternidade.

5

Caminhar, edificar, confessar

Nós, porém, proclamamos Cristo crucificado, escândalo para os judeus e loucura para os pagãos. Mas para os que são chamados, tanto judeus como gregos, Cristo é poder de Deus e sabedoria de Deus. Pois o que é loucura de Deus é mais sábio que os homens e o que é fraqueza de Deus é mais forte que os homens.

(1 Carta aos Coríntios 1,23-25)

Caminhar. Trata-se da primeira coisa que Deus disse a Abraão: caminha na minha presença e sê irrepreensível. Caminhar sempre, na presença do Senhor, à luz do Senhor...

Edificar. Edificar a Igreja. Fala-se de pedras: as pedras têm consistência; mas pedras vivas, pedras ungidas pelo Espírito Santo. Edificar a Igreja, a esposa de Cristo, sobre aquela pedra angular que é o próprio Senhor.

Confessar. Podemos caminhar o quanto quisermos, podemos edificar um monte de coisas, mas, se não confessarmos Jesus Cristo... Tornar-nos-emos uma ONG sociocaritativa, mas não a Igreja, esposa do Senhor.

Eu queria que, depois destes dias de graça, todos nós tivéssemos a coragem de caminhar na presença do Senhor, com a cruz do Senhor; de edificar a Igreja sobre o sangue do Senhor, que é derramado na cruz; e de confessar como nossa única glória Cristo Crucificado.

6

Diálogo inter-religioso

Estejamos atentos uns aos outros, para nos incentivar ao amor frater-no e às boas obras. Não abandonemos as nossas assembleias, como alguns costumam fazer. Antes, procuremos animar-nos mutuamente – tanto mais que vedes o dia aproximar-se.

(Carta aos Hebreus 10,23-25)

Neste trabalho (de construir pontes), é fundamental também o papel da religião. Com efeito, não se podem construir pontes entre os homens, esquecendo Deus; e vice-versa: não se podem viver verdadeiras ligações com Deus, ignorando os outros. Por isso, é importante intensificar o diálogo entre as diversas religiões; (...). E é também importante intensificar o diálogo com os não crentes, para que jamais prevaleçam as diferenças que separam e ferem, mas que, embora na diversidade, triunfe o desejo de construir verdadeiros laços de amizade entre todos os povos.

Lutar contra a pobreza, tanto material como espiritual, edificar a paz e construir pontes: são como que os pontos de referimento para um caminho que devemos percorrer, (...). Também neste caso me serve de inspiração o nome de Francisco: ele ensina-nos um respeito profundo por toda a criação, ensina-nos a guardar este nosso meio ambiente, que muitas vezes não usamos para o bem, desfrutando-o com avidez e prejudicando um ao outro.

7

Hospitalidade e acolhida

"Em qualquer casa em que entrardes, dizei primeiro: 'A paz esteja nesta casa!' Se ali morar um amigo da paz, a vossa paz repousará sobre ele; senão, ela retornará a vós. Permanecei naquela mesma casa; comei e bebei do que tiverem. Quando entrardes numa cidade e fordes bem recebidos, comei do que vos servirem, curai os doentes que nela houver e dizei: 'O Reino de Deus está próximo de vós'.

Quem vos escuta, é a mim que está escutando; e quem vos despreza, é a mim que está desprezando; ora, quem me despreza, está desprezando aquele me enviou."

(Evangelho de Lucas 10,5-7a-9.16)

Aprendi que, para ter acesso ao povo brasileiro, é preciso ingressar pelo portal do seu imenso coração; por isso, permitam-me que nesta hora eu possa bater delicadamente a esta porta. Peço licença para entrar e transcorrer esta semana com vocês. Não tenho ouro nem prata, mas trago o que de mais precioso me foi dado: Jesus Cristo! Venho em seu nome, para alimentar a chama de amor fraterno que arde em cada coração; e desejo que chegue a todos e a cada um a minha saudação: "A paz de Cristo esteja com vocês!".

8

A casa da Mãe Aparecida

O anjo Gabriel foi enviado por Deus a uma cidade da Galileia, chamada Nazaré, a uma virgem prometida em casamento a um homem de nome José, da casa de Davi. A virgem se chamava Maria. O anjo entrou onde ela estava e disse: "Alegra-te, cheia de graça! O Senhor está contigo. Conceberás e darás à luz um filho, e lhe porás o nome de Jesus".

(Evangelho de Lucas 1,26-28.31)

Quanta alegria me dá vir à casa da Mãe de cada brasileiro, o Santuário de Nossa Senhora Aparecida. (...). A Igreja, quando busca Cristo, bate sempre à casa da Mãe e pede: "Mostrai-nos Jesus". É de Maria que se aprende o verdadeiro discipulado.

Também eu venho hoje bater à porta da casa de Maria, que amou e educou Jesus, para que ajude todos nós, os pastores do Povo de Deus, os pais e os educadores, a transmitirmos aos nossos jovens os valores que farão deles construtores de um país e de um mundo mais justo, solidário e fraterno. Para tal, gostaria de chamar a atenção para três simples posturas: conservar a esperança, deixar-se surpreender por Deus, viver na alegria.

Viemos bater à porta da casa de Maria. Ela abriu-nos, fez-nos entrar e nos aponta o seu Filho. Agora ela nos pede: "Fazei o que ele vos disser" (Jo 2,5). Sim, Mãe, nos comprometemos a fazer o que Jesus nos disser! E o faremos com esperança, confiantes nas surpresas de Deus e cheios de alegria. Assim seja.

9

Deus é a nossa esperança

Assim, pois, justificados pela fé, estamos em paz com Deus, por nosso Senhor Jesus Cristo. Por ele, não só tivemos acesso, pela fé, a esta graça na qual estamos firmes, mas ainda nos ufanamos da esperança da glória de Deus. E não só isso, pois nos ufanamos também de nossas tribulações, sabendo que a tribulação gera a constância, a constância leva a uma virtude provada e a virtude provada desabrocha em esperança. E a esperança não decepciona, porque o amor de Deus foi derramado em nossos corações pelo Espírito Santo que nos foi dado.

(Carta aos Romanos 5,1-5)

Conservar a esperança. Quantas dificuldades na vida de cada um, no nosso povo, nas nossas comunidades, mas, por maiores que possam parecer, Deus nunca deixa que sejamos submergidos. Diante do desânimo que poderia aparecer na vida, em quem trabalha na evangelização ou em quem se esforça por viver a fé como pai e mãe de família, quero dizer com força: Tenham sempre no coração esta certeza: Deus caminha a seu lado, nunca lhes deixa desamparados!

Nunca percamos a esperança. Nunca deixemos que ela se apague nos nossos corações. O "dragão", o mal, faz-se presente na nossa história, mas ele não é o mais forte. Deus é o mais forte, e Deus é a nossa esperança!

10

Protagonistas de um mundo melhor

Foge das paixões da juventude, busca a justiça, a fé, o amor, a paz com aqueles que invocam o Senhor, de coração puro. Evita as discussões tolas e descabidas, sabendo que geram rixas. Mas que seja manso para com todos, pronto para ensinar, paciente. Com brandura, ele deve instruir os opositores, pois talvez Deus lhes conceda que se convertam, reconheçam a verdade.

(2 Carta a Timóteo 2,22-24b.25)

É verdade que hoje mais ou menos todas as pessoas, e também os nossos jovens, experimentam o fascínio de tantos ídolos que se colocam no lugar de Deus e parecem dar esperança: o dinheiro, o poder, o sucesso, o prazer. Frequentemente, uma sensação de solidão e de vazio entra no coração de muitos e conduz à busca de compensações destes ídolos passageiros. Sejamos luzeiros de esperança! Tenhamos uma visão positiva sobre a realidade. Encorajemos a generosidade que caracteriza os jovens, acompanhando-lhes no processo de se tornarem protagonistas da construção de um mundo melhor: eles são um motor potente para a Igreja e para a sociedade. Eles não precisam só de coisas, precisam sobretudo que lhes sejam propostos aqueles valores imateriais que são o coração espiritual de um povo. (...) espiritualidade, generosidade, solidariedade, perseverança, fraternidade, alegria; trata-se de valores que encontram a sua raiz mais profunda na fé cristã.

11

Deixe-se surpreender por Deus

Faltando o vinho, a mãe de Jesus lhe disse: "Eles não têm vinho!" Jesus disse aos que estavam servindo: "Enchei as talhas de água"! E eles as encheram até à borda. Então disse: "Agora, tirai e levai ao encarregado da festa". E eles levaram. O encarregado da festa provou da água mudada em vinho, sem saber de onde viesse, embora os serventes que tiraram a água o soubessem.

(Evangelho de João 2,3.7-9)

Quem é homem e mulher de esperança – a grande esperança que a fé nos dá – sabe que, mesmo em meio às dificuldades, Deus atua e nos surpreende. A história deste santuário (de Nossa Senhora Aparecida) serve de exemplo: três pescadores, depois de um dia sem conseguir apanhar peixes, nas águas do Rio Parnaíba, encontram algo inesperado: uma imagem de Nossa Senhora da Conceição. Quem poderia imaginar que o lugar de uma pesca infrutífera tornar-se-ia o lugar onde todos os brasileiros podem se sentir filhos de uma mesma Mãe? (...) Deus sempre nos reserva o melhor. Mas pede que nos deixemos surpreender pelo seu amor, que acolhamos as suas surpresas. Confiemos em Deus! Longe d'ele, o vinho da alegria, o vinho da esperança, se esgota. Se nos aproximamos d'ele, se permanecemos com ele, aquilo que parece água fria, aquilo que é dificuldade, aquilo que é pecado, se transforma em vinho novo de amizade com ele.

12

Abraçar Jesus no irmão

Então os justos lhe perguntarão: "Senhor, quando foi que te vimos com fome e te demos de comer? Com sede, e te demos de beber? Quando foi que te vimos como forasteiro, e te recebemos em casa, sem roupa, e te vestimos? Quando foi que te vimos doente ou preso, e fomos te visitar?". Então o rei lhes responderá: "Em verdade, vos digo: todas as vezes que fizestes isso a um destes mais pequenos, que são meus irmãos, foi a mim que o fizestes!".

(*Evangelho de Mateus 25,37-40*)

O jovem Francisco (de Assis) abandona riquezas e comodidades para fazer-se pobre no meio dos pobres; entende que não são as coisas, o ter, os ídolos do mundo a verdadeira riqueza, e que estes não dão a verdadeira alegria, mas sim seguir a Cristo e servir aos demais; mas talvez seja menos conhecido o momento em que tudo isto se tornou concreto na sua vida: foi quando abraçou um leproso. Aquele irmão sofredor foi "mediador de luz (...) para São Francisco de Assis" (*Lumen fidei*, n. 57), porque, em cada irmão e irmã em dificuldade, nós abraçamos a carne sofredora de Cristo.

Abraçar, abraçar. (...) Há tantas situações no Brasil e no mundo que reclamam atenção, cuidado, amor... Precisamos todos olhar o outro com os olhos de amor de Cristo, aprender a abraçar quem passa necessidade, para expressar solidariedade, afeto e amor.

13

Portadores de esperança

Esperando contra toda esperança, ele (Abraão) firmou-se na fé e, assim, tornou-se pai de muitos povos, conforme lhe fora dito: "Assim será tua posteridade". Não fraquejou na fé, à vista de seu físico sem vigor por sua idade, quase centenária, ou considerando o útero de Sara já incapaz de conceber. Diante da promessa divina, não vacilou por falta de fé, porém, revigorando-se na fé, deu glória a Deus: estava plenamente convencido de que Deus tem poder para cumprir o que prometeu.

(Carta aos Romanos 4,18-21)

Olhem para a frente com confiança; a travessia é longa e cansativa, mas olhem para a frente, existe "um futuro certo, que se coloca numa perspectiva diferente relativamente às propostas ilusórias dos ídolos do mundo, mas que dá novo impulso e nova força à vida de todos os dias" (*Lumen fidei*, n. 57). A vocês todos quero repetir: Não deixem que lhes roubem a esperança! Mas digo também: Tornemo-nos todos portadores de esperança.

O Senhor está ao lado de vocês e lhes conduz pela mão. Olhem para ele nos momentos mais duros, e ele lhes dará consolação e esperança. E confiem também no amor materno de Maria, sua Mãe. (...) Onde tivermos uma cruz para carregar, ao nosso lado sempre está ela, nossa Mãe. Deixo-lhes em suas mãos, enquanto, afetuosamente, a todos abençoo.

14

Deus vem ao nosso encontro

Então, Pedro tomou a palavra: "De fato", disse, "estou compreendendo que Deus não faz discriminação entre as pessoas. Pelo contrário, ele aceita quem o teme e pratica a justiça, qualquer que seja a nação a que pertença. Vós sabeis o que aconteceu em toda a Judeia, a começar pela Galileia, depois do batismo pregado por João: como Jesus de Nazaré foi ungido por Deus com o Espírito Santo e com poder. Por toda a parte, ele andou fazendo o bem e curando a todos os que estavam dominados pelo diabo; pois Deus estava com ele".

(Atos dos Apóstolos 10,34-35.37-38)

Na sua missão terrena, Jesus percorreu as estradas da Terra Santa; chamou doze pessoas simples, para que permanecessem com ele, compartilhassem o seu caminho e continuassem a sua missão; escolheu-as do meio do povo cheio de fé nas promessas de Deus. Falou a todos, sem distinção, aos grandes e aos humildes, ao jovem rico e à viúva pobre, aos poderosos e aos frágeis; levou a misericórdia e o perdão de Deus; curou, confortou e compreendeu; infundiu esperança; levou a todos a presença do Deus que se interessa por cada homem e mulher, como faz um bom pai e uma boa mãe para com cada um dos seus filhos. Deus não esperou que fôssemos ter com ele, mas foi ele que caminhou ao nosso encontro, sem cálculos, sem medidas. Deus é assim: ele dá sempre o primeiro passo, é ele que vem ao nosso encontro.

15

Vim visitá-los

Eis que estou à porta e bato; se alguém ouvir minha voz e abrir a porta, eu entrarei na sua casa e tomaremos a refeição, eu com ele e ele comigo.

(Livro do Apocalipse 3,20)

Que bom poder estar com vocês aqui! Que bom! O meu desejo era poder visitar todos os bairros deste país. Queria bater em cada porta, dizer "bom-dia", pedir um copo de água fresca, beber um "cafezinho" – não um copo de cachaça! –, falar como a amigos de casa, ouvir o coração de cada um, dos pais, dos filhos, dos avós... Mas o Brasil é tão grande! Não é possível bater em todas as portas! Então escolhi vir aqui, visitar a comunidade de vocês; esta comunidade que hoje representa todos os bairros do Brasil. Como é bom ser bem acolhido, com amor, generosidade, alegria!

E é importante saber acolher. Quando somos generosos acolhendo uma pessoa e partilhamos algo com ela – um pouco de comida, um lugar na nossa casa, o nosso tempo –, não ficamos mais pobres, mas nos enriquecemos. Sei bem que, quando alguém que precisa comer bate na sua porta, vocês sempre dão um jeito de compartilhar a comida. Como diz o ditado, sempre se pode "colocar mais água no feijão". E vocês fazem isso com amor, mostrando que a verdadeira riqueza não está nas coisas, mas no coração.

16

A cultura do descartável

*Ao sair do barco, Jesus viu uma grande multidão. Encheu-se de com-
paixão por eles e curou os que estavam doentes. Ao entardecer, os discípulos aproximaram-se dele e disseram: "Este lugar é deserto e a hora já
está adiantada. Despede as multidões, para que possam ir aos povoados
comprar comida!". Jesus porém lhes disse: "Eles não precisam ir embora.
Vós mesmos dai-lhes de comer!". Os discípulos responderam: "Só temos
aqui cinco pães e dois peixes". Ele disse: "Trazei-os aqui". E mandou que
as multidões se sentassem na relva. Então, tomou os cinco pães e os dois
peixes, ergueu os olhos para o céu e pronunciou a bênção, partiu os pães e
os deu aos discípulos; e os discípulos os distribuíram às multidões.*

(Evangelho de Mateus 14,14-19)

Não haverá harmonia e felicidade para uma sociedade
que ignora, que deixa à margem, que abandona na periferia parte de si mesma. Uma sociedade assim simplesmente
empobrece a si mesma; antes, perde algo de essencial para si
mesma. Não deixemos, não deixemos entrar no nosso coração
a cultura do descartável, porque nós somos irmãos. Ninguém é
descartável! Lembremo-nos sempre: somente quando se é capaz
de compartilhar é que se enriquece de verdade; tudo aquilo que
se compartilha, se multiplica! Pensemos na multiplicação dos
pães de Jesus! A medida da grandeza de uma sociedade é dada
pelo modo como esta trata os mais necessitados, que não têm
outra coisa senão a sua pobreza.

17

Fome de pão e de justiça

Caríssimo, desejo que prosperes em tudo e que tua saúde física esteja tão boa quanto à de tua alma. Alegrou-me muito a chegada dos irmãos e o testemunho que deram a respeito da tua verdade, do modo como caminhas na verdade. Para mim não existe alegria maior do que ouvir que meus filhos caminham na verdade.

(3 Carta de João 2-4)

Certamente é necessário dar o pão a quem tem fome; é um ato de justiça. Mas existe também uma fome mais profunda, a fome de uma felicidade que só Deus pode saciar. Fome de dignidade. Não existe verdadeira promoção do bem comum nem verdadeiro desenvolvimento do homem, quando se ignoram os pilares fundamentais que sustentam uma nação, os seus bens imateriais: a vida, que é dom de Deus, um valor que deve ser sempre tutelado e promovido; a família, fundamento da convivência e remédio contra a desagregação social; a educação integral, que não se reduz a uma simples transmissão de informações com o fim de gerar lucro; a saúde, que deve buscar o bem-estar integral da pessoa, incluindo a dimensão espiritual, que é essencial para o equilíbrio humano e uma convivência saudável; a segurança, na convicção de que a violência só pode ser vencida a partir da mudança do coração humano.

18

Bote fé

A fé é a certeza daquilo que ainda se espera, a demonstração de realidades que não se veem. Por ela, os antigos receberam um bom testemunho de Deus. Pela fé compreendemos que o universo foi organizado pela Palavra de Deus, de sorte que as coisas visíveis provêm daquilo que não se vê.

(Carta aos Hebreus 11,1-3)

A cruz da Jornada Mundial da Juventude peregrinou através do Brasil inteiro com este apelo: "Bote fé!". O que isso significa? Quando se prepara um bom prato e vê que falta o sal, você então "bota" o sal; falta o azeite, então "bota" o azeite... "Botar", ou seja, colocar. É assim também na nossa vida: se queremos que ela tenha realmente sentido e plenitude, como vocês mesmos desejam e merecem, digo a cada um e a cada uma de vocês: "bote fé", e a vida terá um sabor novo, a vida terá uma bússola que indica a direção; "bote esperança", e todos os seus dias serão iluminados e o seu horizonte já não será escuro, mas luminoso; "bote amor", e a sua existência será como uma casa construída sobre a rocha, o seu caminho será alegre, porque encontrará muitos amigos que caminham com você. "Bote fé", "bote esperança", "bote amor".

19

Deus no centro

"Vou derrubar meus celeiros e construir maiores; neles vou guardar todo o meu trigo, junto com os meus bens. Então poderei dizer a mim mesmo: Meu caro, tens uma boa reserva para muitos anos. Descansa, come, bebe, goza a vida!". Mas Deus lhe diz: "Tolo! Ainda nesta noite, tua vida te será tirada. E para quem ficará o que acumulaste?". Assim acontece com quem ajunta tesouros para si mesmo, mas não se torna rico diante de Deus.

(Evangelho de Lucas 12,18b-21)

Faria bem a todos, se nos perguntássemos sinceramente: Em quem pomos nossa fé? Em nós mesmos, nas coisas, ou em Jesus? Todos nós temos muitas vezes a tentação de nos colocarmos no centro, de crermos que somos o eixo do universo, de crermos que sozinhos construímos nossa vida, ou pensamos que o ter, o dinheiro, o poder é o que dá a felicidade. Mas todos nós sabemos que não é assim. O ter, o dinheiro, o poder podem oferecer um momento de embriaguez, a ilusão de sermos felizes, mas, no final, nos dominam e nos levam a querer ter cada vez mais, a não estar nunca satisfeitos. A fé nos tira do centro e põe Deus no centro; a fé nos inunda com seu amor, que nos dá segurança, força e esperança. (...) Quando Deus está em nosso coração, habita a paz, a doçura, a ternura, o entusiasmo, a serenidade e a alegria, que são frutos do Espírito Santo.

20

Ponha Cristo em sua vida

Nisto sabemos o que é o amor: Jesus deu a vida por nós. Portanto, também nós devemos dar a vida pelos irmãos. Se alguém possui riquezas neste mundo e vê o seu irmão passar necessidade, mas diante dele fecha o seu coração, como pode o amor de Deus permanecer nele? Filhinhos, não amemos só com palavras e de boca, mas com ações e de verdade!

(1 Carta de João 3,16-19)

Ponha Cristo em sua vida e encontrará um amigo em quem confiar sempre. Ele o espera: escute-o com atenção e sua presença entusiasmará seu coração. Ele o acolhe no Sacramento do perdão, com sua misericórdia cura todas as feridas do pecado. Não tenha medo de lhe pedir perdão, porque Ele em seu imenso amor nunca se cansa de nos perdoar, como um pai que nos ama. Deus é pura misericórdia! "Ponha Cristo": ele o espera também na Eucaristia, Sacramento de sua presença, de seu sacrifício de amor, e Ele o espera também na humanidade de tantos jovens que o enriqueceram com sua amizade, o animaram com seu testemunho de fé, lhe ensinaram a linguagem do amor, da bondade, do serviço. Também você... pode ser uma testemunha jubilosa de seu amor, uma testemunha entusiasta de seu Evangelho para levar um pouco de luz a este mundo. Deixe-se amar por Jesus, é um amigo que não desaponta.

21

Juventude: uma janela para o futuro

Ninguém te menospreze por seres jovem. De tua parte, procura ser para os que creem um exemplo, pela palavra, pela conduta, pelo amor, pela fé, pela castidade. Até que eu chegue aí, dedica-te à leitura, à exortação, ao ensino. Não te descuides do carisma que está em ti, que te foi dado mediante uma profecia acompanhada da imposição das mãos dos presbíteros. Reflete bem nisto, ocupa-te destas coisas, para que o teu progresso seja manifesto a todos.

(1 Carta a Timóteo 4,12-15)

A juventude é a janela pela qual o futuro entra no mundo. É a janela e, por isso, nos impõe grandes desafios. A nossa geração se demonstrará à altura da promessa contida em cada jovem, quando souber abrir-lhe espaço. Isso significa: tutelar as condições materiais e imateriais para o seu pleno desenvolvimento; oferecer-lhe fundamentos sólidos, sobre os quais construir a vida; garantir-lhe segurança e educação para que se torne aquilo que pode ser; transmitir-lhe valores duradouros pelos quais a vida mereça ser vivida; assegurar-lhe um horizonte transcendente que responda à sede de felicidade autêntica, suscitando nele a criatividade do bem; entregar-lhe a herança de um mundo que corresponda à medida da vida humana; despertar nele as melhores potencialidades para que seja sujeito do próprio amanhã e corresponsável do destino de todos. Com essas atitudes, precedemos hoje o futuro que entra pela janela dos jovens.

22

A cultura da solidariedade

Ordena aos ricos deste mundo que rejeitem o orgulho e não ponham sua esperança na riqueza incerta, mas em Deus que nos provê abundantemente de tudo para nosso bom uso. Ordena-lhes, ainda, que façam o bem e se enriqueçam de boas obras, que sejam prontos para dar e generosos. Assim acumularão para si mesmos um valioso tesouro para o futuro, a fim de obterem a vida verdadeira.

(1 Carta a Timóteo 6,17-19)

O povo brasileiro, sobretudo as pessoas mais simples, pode dar para o mundo uma grande lição de solidariedade, que é uma palavra frequentemente esquecida ou silenciada, porque é incômoda. Quase parece um palavrão... solidariedade! Queria lançar um apelo a todos os que possuem mais recursos, às autoridades públicas e a todas as pessoas de boa vontade comprometidas com a justiça social: Não se cansem de trabalhar por um mundo mais justo e mais solidário. Ninguém pode permanecer insensível às desigualdades que ainda existem no mundo. Cada um, na medida das próprias possibilidades e responsabilidades, saiba dar a sua contribuição para acabar com tantas injustiças sociais. Não é a cultura do egoísmo, do individualismo, que frequentemente regula a nossa sociedade, aquela que constrói e conduz a um mundo mais habitável; não é ela, mas sim a cultura da solidariedade; ver no outro não um concorrente ou um número, mas um irmão. E todos nós somos irmãos.

23

Jesus carrega nossas cruzes

Se pedirdes algo em meu nome, eu o farei. E eu pedirei ao Pai, e ele vos dará um outro Defensor, que ficará para sempre convosco: o Espírito da Verdade, que o mundo não é capaz de receber, porque não o vê, nem o conhece. Vós o conheceis, porque ele permanece junto de vós e está em vós. Não vos deixarei órfãos: eu voltarei a vós.

(Evangelho de João 14,14.16-18)

Com a cruz, Jesus se une ao silêncio das vítimas da violência, que já não podem gritar, sobretudo os inocentes e os indefesos; com a cruz, Jesus se une às famílias que estão em dificuldade, e que choram a trágica perda de seus filhos... Rezemos por elas. Com a cruz, Jesus se une a todas as pessoas que sofrem fome, em um mundo que, por outro lado, se permite o luxo de jogar fora a cada dia toneladas de alimentos. Com a cruz, Jesus está junto a tantas mães e pais que sofrem ao ver seus filhos vítimas de paraísos artificiais, como a droga. Com a cruz, Jesus se une a quem é perseguido por sua religião, por suas ideias, ou simplesmente pela cor de sua pele.

Na cruz de Cristo está o sofrimento, o pecado do homem, também o nosso, e ele acolhe tudo com os braços abertos, carrega nas costas nossas cruzes e nos diz: "Coragem! Não a levas sozinho. Eu a levo contigo e eu venci a morte e vim para te dar a esperança, para te dar vida" (cf. Jo 3,16).

24

Ir contra a corrente

Eu vos exorto, irmãos, pela misericórdia de Deus, a oferecerdes vossos corpos em sacrifício vivo, santo e agradável a Deus: este é o vosso verdadeiro culto. Não vos conformeis com este mundo, mas transformai-vos, renovando vossa maneira de pensar e julgar, para que possais distinguir o que é da vontade de Deus, a saber, o que é bom, o que lhe agrada, o que é perfeito.

(Carta aos Romanos 12,1-2)

Em muitos ambientes, e em geral neste humanismo economicista que foi imposto a nós no mundo, abriu-se passagem para uma cultura da exclusão, uma "cultura do descarte". Não há lugar para o idoso nem para o filho não desejado; não há tempo para deter-se com aquele pobre na rua. Às vezes parece que, para alguns, as relações humanas estão reguladas por dois "dogmas": eficiência e pragmatismo. Tenham a coragem de ir contra a corrente dessa cultura eficientista, dessa cultura do descarte.

Fomos chamados por Deus, com nome e sobrenome, cada um de nós, chamados a anunciar o Evangelho e a promover com alegria a cultura do encontro. A Virgem Maria é nosso modelo. Peçamos a ela que ensine a nos encontrarmos cada dia com Jesus. Que nos impulsione para sair ao encontro de tantos irmãos e irmãs que estão na periferia, que têm sede de Deus e não há quem o anuncie a eles. Que ela conceda a todos esta graça.

25

Deus nunca se cansa de perdoar

De fato, Deus amou tanto o mundo, que deu o seu Filho único, para que todo o que nele crer não se pereça, mas tenha a vida eterna. Pois Deus enviou o seu Filho ao mundo, não para condenar o mundo, mas para que o mundo seja salvo por ele.

(Evangelho de João 3,16-17)

A mensagem de Jesus é sempre a mesma: a misericórdia. A meu ver – humildemente o afirmo –, é a mensagem mais forte do Senhor: a misericórdia. Sim, ele veio para nós, se nos reconhecermos pecadores; mas, se formos como aquele fariseu à frente do altar, não conheceremos o coração do Senhor e nunca teremos a alegria de sentir esta misericórdia! Não é fácil se entregar à misericórdia de Deus, porque se trata de um abismo incompreensível. Mas devemos fazê-lo! "Oh, padre, se conhecesses a minha vida, não me falarias assim!". "Por quê? Que fizeste? Vai ter com Jesus; ele gosta de que lhe contes essas coisas!" Ele esquece; ele tem uma capacidade especial de esquecer. Esquece, beija-te, abraça-te e apenas te diz: "Também eu não te condeno! Vai, e doravante não tornes a pecar" (Jo 8, 11).

Mas, passado um mês, estamos novamente nas mesmas condições... Voltemos ao Senhor! O Senhor nunca se cansa de perdoar, nunca! Somos nós que nos cansamos de lhe pedir perdão. Peçamos a graça de não nos cansarmos de pedir perdão, porque ele jamais se cansa de perdoar.

26

O filho da viúva de Naim

Jesus foi a uma cidade chamada Naim. Os seus discípulos e uma grande multidão iam com ele. Quando chegou à porta da cidade, coincidiu que levavam um morto para enterrar, um filho único, cuja mãe era viúva. Uma grande multidão da cidade a acompanhava. Ao vê-la, o Senhor encheu-se de compaixão por ela e disse: "Não chores!". Aproximando-se, tocou no caixão, e os que o carregavam pararam. Ele ordenou: "Jovem, eu te digo, levanta-te!". O que estava morto sentou-se e começou a falar. E Jesus o entregou à sua mãe.

(Evangelho de Lucas 7,11-15)

A misericórdia de Jesus não é só um sentimento, aliás, é uma força que dá vida, que ressuscita o homem. Diz-nos isto o Evangelho, no episódio da viúva de Naim. Jesus, com os seus discípulos, chega a Naim, uma aldeia da Galileia, precisamente no momento em que está sendo feito um funeral: é levado à sepultura um jovem, filho único de uma mulher viúva. O olhar de Jesus fixa-se imediatamente na mãe que chora: "Vendo-a, o Senhor compadeceu-se dela". Este "compadecer-se" é o amor de Deus pelo homem, é a misericórdia, ou seja, a atitude de Deus em contato com a miséria humana, com a nossa indigência, com o nosso sofrimento e angústia.

27

Mártires de ontem e de hoje

Jesus começou a dizer a todos: "Se alguém quer vir após mim, renuncie a si mesmo, tome sua cruz, cada dia, e siga-me. Pois quem quiser salvar sua vida a perderá, e quem perder sua vida por causa de mim a salvará".

(Evangelho de Lucas 9,23-24)

Mas o que significa "perder a vida por causa de Jesus"? Os mártires são o exemplo máximo do perder a vida por Cristo. Em dois mil anos, uma multidão imensa de homens e mulheres sacrificaram a vida para permanecer fiéis a Jesus Cristo e a seu Evangelho. E hoje, em numerosas partes do mundo, há muitos, muitíssimos mártires, que dão a própria vida por Cristo. Mas há também o martírio cotidiano, que não implica a morte, mas que também é um "perder a vida" por Cristo, cumprindo o próprio dever com amor, segundo a lógica de Jesus, a lógica da doação, do sacrifício. Pensemos: Quantos pais e mães todos os dias põem em prática a sua fé oferecendo concretamente a própria vida pelo bem da família. Quantos sacerdotes, frades, freiras, desempenham com generosidade o seu serviço pelo Reino de Deus. E há também muitas pessoas, cristãs e não cristãs, que "perdem a própria vida" pela verdade. E Cristo disse: "Eu sou a verdade", por conseguinte quem serve a verdade serve a Cristo. Também eles são mártires! Mártires diários, do dia a dia.

28

Ouvir a consciência

Sim, irmãos, fostes chamados para a liberdade. Porém, não façais da liberdade um pretexto para servirdes à carne. Pelo contrário, fazei-vos servos uns dos outros, pelo amor. Pois toda a lei se resume neste único mandamento: "Amarás o teu próximo como a ti mesmo". Mas se vos mordeis e vos devorais uns aos outros, cuidado para não serdes consumidos uns pelos outros! Eu vos exorto: deixai-vos sempre guiar pelo Espírito, e nunca satisfaçais o desejo da carne. Pois o que a carne deseja é contra o Espírito, e o que o Espírito deseja é contra a carne: são o oposto um do outro, e por isso nem sempre fazeis o que gostaríeis de fazer.

(Carta aos Gálatas 5,13-17)

Jesus deseja que sejamos livres, mas onde se realiza esta liberdade? No diálogo com Deus, na própria consciência. Se o cristão não souber falar com Deus, se não souber sentir Deus na sua consciência, não será livre, não é livre.

Por isso, temos que aprender a ouvir mais a nossa consciência. Mas atenção! Isso não significa seguir o próprio eu, fazer o que me interessa, o que me convém, o que me agrada... Não é assim! A consciência é o espaço interior da escuta da verdade, do bem, da escuta de Deus; é o lugar interior da minha relação com ele, que fala ao meu coração e me ajuda a discernir, a compreender qual é o caminho a percorrer e, uma vez tomada a decisão, a ir em frente, a permanecer fiel.

29

Exemplos de vida

Não cesso de dar graças por vós, lembrando-me sempre de vós, em minhas orações, suplicando ao Deus de nosso Senhor Jesus Cristo, o Pai glorioso, que vos dê o Espírito da sabedoria e da revelação, para que o conheçais de verdade. Que ele ilumine os olhos de vosso coração, para que conheçais a esperança à qual ele vos chama, a riqueza da glória que ele nos dá em herança entre os santos.

(Carta aos Efésios 1,16-18)

Nós tivemos um exemplo maravilhoso de como se realiza esta relação com Deus na própria consciência, um recente exemplo maravilhoso. O Papa Bento XVI deu-nos este grande exemplo, quando o Senhor lhe fez compreender, na oração, qual era o passo que devia dar. E obedeceu, com um profundo sentido de discernimento e coragem, a sua consciência, ou seja, a vontade de Deus que falava a seu coração. E esse exemplo do nosso Pai faz muito bem a todos nós, como um exemplo a seguir.

Nossa Senhora, com grande simplicidade, ouvia e meditava no íntimo de si mesma a Palavra de Deus e o que acontecia com Jesus. Seguiu o seu Filho com convicção íntima e com esperança firme. Que Maria nos ajude a tornar-nos cada vez mais homens e mulheres de consciência, livres na consciência, porque é na consciência que se verifica o diálogo com Deus; homens e mulheres capazes de ouvir a voz de Deus e de segui-la com determinação.

30

Onde está o teu tesouro?

Não tenhas medo, pequeno rebanho, pois foi do agrado do vosso Pai dar a vós o Reino. Vendei vossos bens e dai esmola. Fazei para vós bolsas que não se estraguem, um tesouro no céu que não se acabe; ali o ladrão não chega nem a traça corrói. Pois onde estiver o vosso tesouro, aí estará também o vosso coração.

(Evangelho de Lucas 12,32-34)

Este Evangelho quer dizer-nos que o cristão é alguém que tem dentro de si um desejo grande, um desejo profundo de se encontrar com o seu Senhor, juntamente com os irmãos, com os companheiros de caminho. Gostaria de vos dirigir duas perguntas. A primeira: Todos vós tendes um coração desejoso, um coração que deseja? Pensa e responde em silêncio no teu coração. Tu tens um coração que deseja, ou um coração fechado, um coração adormecido, um coração anestesiado pelas situações da vida? O desejo de ir em frente, ao encontro de Jesus. E a segunda pergunta: Onde está o teu tesouro, aquele que tu desejas?, porque Jesus nos disse: onde estiver o vosso tesouro, ali estará também o vosso coração. E eu pergunto: Onde está o teu tesouro? Qual é, para ti, a realidade mais importante, mais preciosa, a realidade que atrai o teu coração como um ímã? O que atrai o teu coração? Posso dizer que é o amor de Deus? Há o desejo de fazer o bem ao próximo, de viver para o Senhor e para os nossos irmãos? Posso dizer isto? Cada um responda no seu coração.

31

O rosto de Deus

Foi assim que o amor de Deus se manifestou entre nós: Deus enviou o seu Filho único ao mundo, para que tenhamos a vida por meio dele. Nisto consiste o amor: não fomos nós que amamos a Deus, mas foi ele que nos amou e enviou o seu Filho como oferenda de expiação pelos nossos pecados. Caríssimos, se Deus nos amou assim, nós também devemos amar-nos uns aos outros. Ninguém jamais viu a Deus. Se nos amamos uns aos outros, Deus permanece em nós e seu amor em nós é plenamente realizado.

(1 Carta de João 4,9-12)

Em que consiste o amor de Deus? Não é algo vago, um sentimento genérico. O amor de Deus tem um nome e um rosto: Jesus Cristo. O amor de Deus manifesta-se em Jesus. Trata-se de um amor que confere valor e beleza a todo o resto; um amor que dá força à família, ao trabalho, ao estudo, à amizade, à arte e a cada obra humana.

E dá sentido também às experiências negativas, porque esse amor nos permite ir além dessas experiências, ir mais além, sem permanecer prisioneiros do mal, impelindo-nos além, abrindo-nos sempre à esperança. Eis, o amor de Deus em Jesus sempre nos abre à esperança, àquele horizonte de esperança, ao horizonte final da nossa peregrinação. Assim, até as dificuldades e as quedas encontram um sentido. Até os nossos pecados encontram um sentido no amor de Deus, porque esse amor de Deus em Jesus Cristo nos ama a ponto de nos perdoar sempre.

32

Sinal de contradição

"Fogo eu vim lançar sobre a terra, e como gostaria que já estivesse aceso! Um batismo eu devo receber, e como estou ansioso até que isto se cumpra! Pensais que eu vim trazer a paz à terra? Pelo contrário, eu vos digo, vim trazer a divisão."

(Evangelho de Lucas 12,49-51)

A fé não é algo decorativo, ornamental; viver a fé não significa decorar a vida com um pouco de religião. Não, a fé não consiste nisso. A fé exige que se escolha Deus como critério-base da vida, e Deus não é vazio, não é neutro; Deus é sempre positivo, Deus é amor, e o amor é positivo! Depois que Jesus veio ao mundo, não podemos agir como se não conhecêssemos a Deus. Como se ele fosse algo abstrato, vazio, de referência puramente nominal; não, Deus tem um rosto concreto, tem um nome: Deus é misericórdia, é fidelidade, é vida que se doa a todos nós.

Por isso, Jesus diz: vim para trazer a separação. Jesus não quer dividir os homens entre si, pelo contrário: Jesus é a nossa paz, é a nossa reconciliação. Mas essa paz não é a paz dos sepulcros, não é neutralidade.

Mas atenção: não é Jesus que divide! Ele propõe o critério: viver para si mesmo, ou para Deus e para o próximo; ser servido, ou servir; obedecer ao próprio eu, ou obedecer a Deus. Eis em que sentido Jesus é "sinal de contradição" (Lc 2,34).

33

A misericórdia de Deus

O filho, então, lhe disse: "Pai, pequei contra Deus e contra ti. Já não mereço ser chamado teu filho". Mas o pai disse aos empregados: "Trazei depressa a melhor túnica para vestir meu filho. Colocai-lhe um anel no dedo e sandálias nos pés. Trazei um novilho gordo e matai-o, para comermos e festejarmos. Pois este meu filho estava morto e tornou a viver; estava perdido e foi encontrado". E começaram a festa.

(Evangelho de Lucas 15,21-24)

Um pouco de misericórdia torna o mundo menos frio e mais justo. Precisamos compreender bem esta misericórdia de Deus, este Pai misericordioso que tem tanta paciência... Recordemos o profeta Isaías, quando afirma: mesmo que os nossos pecados fossem vermelho escarlate, o amor de Deus torná-los-ia brancos como a neve. Como é bela a misericórdia!

O problema está em nós, que nos cansamos e não queremos... Cansamo-nos de pedir perdão. Ele nunca se cansa de perdoar. Não nos cansemos jamais, nunca nos cansemos. Ele é o Pai amoroso que sempre perdoa, cujo coração é cheio de misericórdia para com todos nós. E, por nossa vez, aprendamos também a ser misericordiosos para com todos. Invoquemos a intercessão de Nossa Senhora, que teve nos seus braços a misericórdia de Deus feita homem.

34

Rezar com insistência

Na mesma cidade havia uma viúva, que vinha à procura do juiz, e lhe pedia: "Faze-me justiça contra o meu adversário!". Durante muito tempo, o juiz se recusou. Por fim, ele pensou: "Não temo a Deus e não respeito ninguém. Mas esta viúva já está me importunando. Vou fazer-lhe justiça, para que ela não venha, por fim, a me agredir!". E o Senhor acrescentou: "Escutai bem o que diz esse juiz iníquo! E Deus, não fará justiça aos seus escolhidos, que dia e noite gritam por ele?".

(Evangelho de Lucas 18,3-7a)

"Clamar dia e noite" por Deus. Impressiona-nos essa imagem da oração. Não conhece ele as nossas necessidades?

Deus convida-nos a rezar com insistência, não porque não sabe do que temos necessidade, nem porque não nos ouve. Pelo contrário, ele ouve sempre e conhece tudo acerca de nós, com amor. No nosso caminho cotidiano, especialmente nas dificuldades, na luta contra o mal fora e dentro de nós, o Senhor não está distante; nós lutamos tendo-o ao nosso lado, e a nossa arma é precisamente a oração, que nos faz sentir a sua presença, a sua misericórdia e também a sua ajuda.

Rezemos sempre, mas não para convencer o Senhor com a força das palavras. Ele sabe melhor que nós aquilo de que temos necessidade! Ao contrário, a oração perseverante é expressão da fé num Deus que nos chama a combater com ele, todos os dias, em cada momento, para vencer o mal com o bem.

35

Vocação à santidade

*Bendito seja o Deus e Pai de nosso Senhor Jesus Cristo, que nos aben-
çoou com toda bênção espiritual nos céus, em Cristo. Nele, Deus nos escolheu, antes da fundação do mundo, para sermos santos e íntegros diante
dele, no amor. Conforme o desígnio benevolente de sua vontade, ele nos
predestinou à adoção como filhos, por obra de Jesus Cristo.*

(Carta aos Efésios 1,3-5)

Ser santo não é um privilégio de poucos, como se alguém
tivesse recebido uma grande herança; no Batismo, todos nós
recebemos a herança de poder tornar-nos santos. A santidade é
uma vocação para todos. Por isso, todos nós somos chamados a
caminhar pela vereda da santidade, e esta senda tem um nome,
um semblante: o rosto de Jesus Cristo. É ele que nos ensina a
tornarmo-nos santos. É ele que, no Evangelho, nos indica o caminho: a via das Bem-aventuranças (cf. Mt 5,1-12). Com efeito, o
Reino dos Céus é para aqueles que não depositam a sua segurança
nas coisas, mas no amor de Deus; para aqueles que têm um coração simples e humilde, sem a presunção de ser justos, sem julgar os outros; para aqueles que sabem sofrer com quantos sofrem
e alegrar-se com quantos se alegram; para aqueles que não são
violentos, mas misericordiosos, procurando ser artífices de reconciliação e de paz. O santo, a santa, são artífices de reconciliação
e de paz; ajudam sempre as pessoas a reconciliarem-se entre si,
contribuem sempre para que haja paz.

36

O caminho da santidade

Vede que grande presente de amor o Pai nos deu: sermos chamados filhos de Deus! E nós o somos! Se o mundo não nos conhece, é porque não conheceu o Pai. Caríssimos, desde já somos filhos de Deus, mas nem sequer se manifestou o que seremos! Sabemos que, quando Jesus se manifestar, seremos semelhantes a ele, porque o veremos tal como ele é.

(1 Carta de João 3,1-3)

Os santos, na sua existência terrena, viveram em profunda comunhão com Deus. No semblante dos irmãos mais pequeninos e desprezados, viram o rosto de Deus e agora o contemplam face a face na sua beleza gloriosa.

Os santos não são super-homens nem nasceram perfeitos. Eles são como nós, como cada um de nós. São pessoas que, antes de alcançar a glória do céu, levaram uma vida normal, com alegrias e sofrimentos, dificuldades e esperanças. Mas o que mudou a sua vida? Quando conheceram o amor de Deus, seguiram-no com todo o seu coração, de maneira incondicional, sem hipocrisias; dedicaram a própria vida ao serviço do próximo, suportaram sofrimentos e adversidades sem ódio, respondendo ao mal com o bem, difundindo alegria e paz.

Nunca odiar, mas servir os outros, os mais necessitados; rezar e viver na alegria: eis o caminho da santidade.

37

A voz do Pastor

"Em verdade, em verdade, vos digo: quem não entra pela porta no redil onde estão as ovelhas, mas sobe por outro lugar, esse é ladrão e assaltante. Quem entra pela porta é o pastor das ovelhas. Para este o porteiro abre, as ovelhas escutam a sua voz, ele chama cada uma pelo nome e as leva para fora. E depois de fazer sair todas as que são suas, ele caminha à sua frente e as ovelhas o seguem, porque conhecem a sua voz. A um estranho, porém, não seguem, mas fogem dele, porque não conhecem a voz dos estranhos."

(Evangelho de João 10,1-5)

Jesus quer estabelecer com os seus amigos uma relação que seja reflexo da relação que ele mesmo tem com o Pai: uma relação de pertença recíproca, na confiança plena e na comunhão íntima. Para manifestar esse entendimento profundo, essa relação de amizade, Jesus utiliza a imagem do pastor com as suas ovelhas: ele as chama e elas reconhecem a sua voz, respondem a seu apelo e seguem-no. Essa parábola é muito bonita. O mistério da voz é sugestivo: pensemos que desde o ventre da nossa mãe nós aprendemos a reconhecer a sua voz e a voz do nosso pai; do tom de uma voz, sentimos o amor ou o desprezo, o carinho ou a insensibilidade. A voz de Jesus é única. Se aprendemos a distingui-la, ele guia-nos pelo caminho da vida, uma senda que ultrapassa até o abismo da morte.

38

A porta estreita

Jesus atravessava cidades e povoados, ensinando e prosseguindo o caminho para Jerusalém. Alguém lhe perguntou: "Senhor, é verdade que são poucos os que se salvam?". Ele respondeu: "Esforçai-vos por entrar pela porta estreita. Pois eu vos digo que muitos tentarão entrar e não conseguirão".

(Evangelho de Lucas 13,22-24)

Jesus não responde de maneira direta à pergunta: não é importante saber quantos se salvam, mas é importante saber, sobretudo, qual é o caminho da salvação.

A imagem da porta volta várias vezes no Evangelho e evoca a porta da casa, do lar, onde encontramos segurança, amor e calor. Jesus diz-nos que existe uma porta que nos faz entrar na família de Deus, no calor da casa de Deus, da comunhão com ele. Essa porta é o próprio Jesus. Ele é a porta. É a passagem para a salvação. É ele que nos conduz ao Pai. E a porta que é Jesus nunca está fechada, mas permanece aberta sempre, e para todos, sem distinções, sem exclusões nem privilégios. Sem dúvida, a porta de Jesus é estreita... Porque nos pede que abramos o nosso coração a ele, que nos reconheçamos pecadores, necessitados da sua salvação, do seu perdão, do seu amor. Que tenhamos a humildade de acolher a sua misericórdia... Jesus está à tua espera para te abraçar, para te perdoar. Coragem, anima-te para entrares pela sua porta, para fazê-lo entrar na tua vida, para que ele a transforme, renove e infunda a alegria plena e duradoura.

39

Jesus é porta

A mensagem que dele ouvimos e vos anunciamos é esta: Deus é luz e nele não há trevas. Se dissermos que estamos em comunhão com ele, mas caminhamos nas trevas, estamos mentindo e não praticamos a verdade. Mas, se caminhamos na luz, como ele está na luz, então estamos em comunhão uns com os outros, e o sangue de Jesus, seu Filho, nos purifica de todo pecado.

(1 Carta de João 1,5-7)

Nos dias de hoje passamos diante de muitas portas que convidam a entrar, prometendo uma felicidade que depois observamos durar apenas um instante, que se esgota em si mesma e não tem futuro. Mas eu pergunto: Por qual porta queremos entrar? E quem desejamos fazer entrar pela porta da nossa vida? Gostaria de dizer: não tenhamos medo de passar pela porta da fé em Jesus, de deixar que ele entre cada vez mais na nossa vida, de sair dos nossos egoísmos, dos nossos limites e das nossas indiferenças em relação ao próximo. Porque Jesus ilumina a nossa vida com uma luz que jamais se apaga. Não é um fogo de artifício, nem um *flash*. Não, é uma luz suave, que dura sempre e nos dá a paz. Essa é a luz que encontraremos, se entrarmos pela porta de Jesus. À Virgem Maria, Porta do Céu, peçamos que nos ajude a cruzar a porta da fé, a deixar que o seu Filho transforme a nossa existência, como transformou a sua, para anunciar a todos a alegria do Evangelho.

40

Compromisso pela paz

Vendo as multidões, Jesus subiu à montanha e sentou-se. Os discípulos aproximaram-se, e ele começou a ensinar: "Felizes os pobres no espírito, porque deles é o Reino dos Céus. Felizes os que choram, porque serão consolados. Felizes os mansos, porque receberão a terra em herança. Felizes os que têm fome e sede da justiça, porque serão saciados".

(Evangelho de Mateus 5,1-6)

Possa uma corrente de compromisso pela paz unir todos os homens e mulheres de boa vontade. Trata-se de um forte e premente convite que dirijo a toda a Igreja Católica, mas que estendo a todos os cristãos de outras confissões, aos homens e mulheres de todas as religiões e também àqueles irmãos e irmãs que não creem: a paz é um bem que supera qualquer barreira, porque é um bem de toda a humanidade.

Peçamos a Maria que nos ajude a responder à violência, ao conflito e à guerra com a força do diálogo, da reconciliação e do amor. Ela é mãe: que ela nos ajude a encontrar a paz; todos nós somos seus filhos. Ajudai-nos, Maria, a superar este momento difícil e a nos comprometer a construir, todos os dias e em todo lugar, uma autêntica cultura do encontro e da paz. Maria, Rainha da paz, rogai por nós!

41

Deus é alegre

"E se uma mulher tem dez moedas de prata e perde uma, não acende a lâmpada, varre a casa e procura cuidadosamente até encontrá-la? Quando a encontra, reúne as amigas e vizinhas, e diz: 'Alegrai-vos comigo! Encontrei a moeda que tinha perdido!'. Assim, eu vos digo, haverá alegria entre os anjos de Deus por um só pecador que se converte."

(Evangelho de Lucas 15,8-10)

Deus é alegre! E isso é interessante: Deus é alegre! E em que consiste a alegria de Deus? A alegria de Deus é perdoar! É o júbilo de um pastor que encontra a sua ovelha; a alegria de uma mulher que encontra a sua moeda; é a felicidade de um pai que volta a receber em casa o filho que se tinha perdido, que estava morto e reviveu, voltou para casa. Aqui está o Evangelho inteiro! Todo o Cristianismo! Mas vede que não se trata de sentimento, não é "moralismo". Pelo contrário, a misericórdia é a verdadeira força que pode salvar o homem e o mundo do "câncer" que é o pecado, o mal moral, o mal espiritual. Só o amor preenche os vazios, os abismos negativos que o mal abre no coração e na história. Somente o amor pode fazer isso, e esta é a alegria de Deus.

42

Alegria pelo filho que volta

O filho mais velho estava no campo. Ao voltar, já perto de casa, ouviu música e barulho de dança. Então chamou um dos criados e perguntou o que estava acontecendo. Ele respondeu: "É teu irmão que voltou. Teu pai matou o novilho gordo, porque recuperou seu filho são e salvo". Mas ele ficou com raiva e não queria entrar.

(Evangelho de Lucas 15,25-28)

Jesus é todo misericórdia, Jesus é todo amor: é Deus que se fez homem. Cada um de nós é aquele filho que esbanjou a própria liberdade, seguindo ídolos falsos, miragens de felicidade, e perdeu tudo. Mas Deus não se esquece de nós, o Pai nunca nos abandona. É um Pai paciente, espera-nos sempre! Respeita a nossa liberdade, mas permanece sempre fiel. E quando voltamos para ele, acolhe-nos como filhos na sua casa, porque nunca, nem sequer por um momento, deixa de esperar por nós com amor. Seu coração rejubila com cada filho que volta para ele. Faz festa, porque é alegria.

Qual é o perigo? É que nós achamos justos e julgamos os outros. Julgamos até Deus, porque pensamos que ele deveria castigar os pecadores, condená-los à morte, em vez de perdoar. Então, sim, corremos o risco de permanecer fora da casa do Pai. Como o irmão mais velho da parábola, que, em vez de ficar feliz pelo irmão que voltou, irritou-se com o pai que o recebeu e fez festa.

43

Sede misericordiosos

"E se fazeis o bem somente aos que vos fazem o bem, que generosidade é essa? Os pecadores também agem assim. Amai os vossos inimigos, fazei o bem e prestai ajuda sem esperar coisa alguma em troca. Então, a vossa recompensa será grande. Sereis filhos do Altíssimo, porque ele é bondoso também para com os ingratos e maus. Sede misericordiosos como vosso Pai é misericordioso."

(Evangelho de Lucas 6,33.35-36)

Se em nosso coração não há misericórdia, a alegria do perdão, não estamos em comunhão com Deus, ainda que observemos todos os preceitos, porque é o amor que salva, e não apenas a prática dos preceitos.

Se vivermos segundo a lei do "olho por olho, dente por dente", jamais sairemos da espiral do mal. O Maligno é astuto e ilude-nos com o fato de que com a justiça humana é possível salvar a nós mesmos e o mundo. Na realidade, só a justiça de Deus nos pode salvar.

Jesus chama todos nós a seguir este caminho: "Sede misericordiosos, como o vosso Pai é misericordioso". Agora, peço-vos algo. Em silêncio... cada um pense numa pessoa com a qual não está bem, com a qual está irritado, da qual não gosta. Pensemos naquela pessoa e em silêncio, neste momento, oremos por essa pessoa, sejamos misericordiosos para com aquela pessoa.

44

José: o guardião

Maria estava prometida em casamento a José e, antes de passarem a conviver, ela encontrou-se grávida pela ação do Espírito Santo. José, seu esposo, sendo justo e não querendo denunciá-la publicamente, pensou em despedi-la secretamente. Mas, no que lhe veio esse pensamento, apareceu-lhe em sonho um anjo do Senhor, que lhe disse: "José, Filho de Davi, não tenhas receio de receber Maria, tua esposa; o que nela foi gerado vem do Espírito Santo".

(Evangelho de Mateus 1,18b-20)

O Evangelho (diz) que "José fez como lhe ordenou o anjo do Senhor e recebeu sua esposa" (Mt 1,24). Nestas palavras, encerra-se já a missão que Deus confia a José: ser guardião. Guardião de quem? De Maria e de Jesus. Mas é uma guarda que depois se estende à Igreja.

Como realiza José essa guarda? Com discrição, com humildade, no silêncio, mas com uma presença constante e uma fidelidade total, mesmo quando não consegue entender. Desde o casamento com Maria até o episódio de Jesus, aos doze anos, no templo de Jerusalém, acompanha com solicitude e amor cada momento. Permanece ao lado de Maria, sua esposa, tanto nos momentos serenos como nos momentos difíceis da vida: na ida a Belém para o recenseamento e nas horas ansiosas e felizes do parto; no momento dramático da fuga para o Egito e na busca preocupada do filho no templo; e depois na vida cotidiana da casa de Nazaré, na carpintaria onde ensinou o ofício a Jesus.

45

Cuidadores da criação

A criação foi sujeita ao que é vão e ilusório, não por seu querer, mas por dependência daquele que a sujeitou. Também a própria criação espera ser libertada da escravidão da corrupção, em vista da liberdade que é a glória dos filhos de Deus. Com efeito, sabemos que toda a criação, até o presente, está gemendo como que em dores de parto, e não somente ela, mas também nós, que temos as primícias do Espírito, gememos em nosso íntimo, esperando a condição filial, a redenção de nosso corpo.

(Carta aos Romanos 8,20-23)

A vocação de guardião não diz respeito apenas a nós, cristãos, mas tem uma dimensão antecedente, que é simplesmente humana e diz respeito a todos: a de guardar a criação inteira... é ter respeito por toda a criatura de Deus e pelo ambiente onde vivemos. É guardar as pessoas, cuidar carinhosamente de todas elas e de cada uma, especialmente das crianças, dos idosos, daqueles que são mais frágeis e que muitas vezes estão na periferia do nosso coração. É cuidar uns dos outros na família: os esposos guardam-se reciprocamente, depois, como pais, cuidam dos filhos, e, com o passar do tempo, os próprios filhos tornam-se guardiões dos pais. É viver com sinceridade as amizades, que são um mútuo guardar-se na intimidade, no respeito e no bem. Fundamentalmente, tudo está confiado à guarda do homem, e é uma responsabilidade que diz respeito a todos nós.

46

Cuidar de nós mesmos

Procedei como filhos da luz. E o fruto da luz é toda espécie de bondade e de justiça e de verdade. Discerni o que agrada ao Senhor e não tomeis parte nas obras estéreis das trevas, mas, pelo contrário, denunciai-as. Portanto, ficai bem atentos à vossa maneira de proceder. Procedei não como insensatos, mas como pessoas esclarecidas, que bem aproveitam o tempo presente, pois estes dias são maus. Não sejais sem juízo, mas procurai discernir bem qual é a vontade do Senhor.

(Carta aos Efésios 5,9-11.15-17)

Queria pedir, por favor, a quantos ocupam cargos de responsabilidade em âmbito econômico, político ou social, a todos os homens e mulheres de boa vontade: sejamos "guardiões" da criação, do desígnio de Deus inscrito na natureza, guardiões do outro, do ambiente; não deixemos que sinais de destruição e morte acompanhem o caminho deste nosso mundo. Mas, para "guardar", devemos também cuidar de nós mesmos. Lembremo-nos de que o ódio, a inveja, o orgulho sujam a vida; então, guardar quer dizer vigiar os nossos sentimentos, o nosso coração, porque é dele que saem as boas intenções e as más: aquelas que edificam e as que destroem. Não devemos ter medo de bondade, ou mesmo de ternura.

47

Tradições religiosas

Cada um de nós procure agradar ao próximo para o bem, visando à edificação. O Deus da constância e da consolação, vos dê também perfeito entendimento, uns com os outros, como ensina o Cristo Jesus. Assim, tendo como que um só coração e a uma só voz, glorificareis o Deus e Pai do nosso Senhor Jesus Cristo. Por isso, acolhei-vos uns aos outros, como Cristo vos acolheu, para a glória de Deus.

(Carta aos Romanos 15,2.5-7)

A Igreja Católica está ciente da importância que tem a promoção da amizade e do respeito entre homens e mulheres de diferentes tradições religiosas – quero sublinhar isso: promoção da amizade e do respeito entre homens e mulheres de diferentes tradições religiosas. E de igual modo ela está ciente da responsabilidade que grava sobre todos nós relativamente a este nosso mundo e à criação inteira, que devemos amar e guardar. Muito podemos fazer pelo bem de quem é mais pobre, de quem é frágil e de quem sofre, para favorecer a justiça, promover a reconciliação, construir a paz. Mas, acima de tudo, devemos manter viva no mundo a sede do absoluto, não permitindo que prevaleça uma visão unidimensional da pessoa humana, segundo a qual o homem se reduz àquilo que produz e ao que consome: esta é uma das insídias mais perigosas para o nosso tempo.

48

Aliados

A paz de Deus, que supera todo entendimento, guardará os vossos corações e os vossos pensamentos no Cristo Jesus. Quanto ao mais, irmãos, ocupai-vos com tudo o que é verdadeiro, digno de respeito ou justo, puro, amável ou honroso, com tudo o que é virtude ou louvável. Praticai o que de mim aprendestes e recebestes e ouvistes, ou em mim observastes. E o Deus da paz estará convosco.

(Carta aos Filipenses 4,7-9)

Sabemos quanta violência produziu, na história recente, a tentativa de eliminar Deus e o divino do horizonte da humanidade, e reconhecemos o valor de dar testemunho, nas nossas sociedades, da abertura originária à transcendência, que está inscrita no coração do ser humano.

Nisso, sentimos que estão conosco também todos aqueles homens e mulheres que, embora não se reconheçam filiados a nenhuma tradição religiosa, andam à procura da verdade, da bondade e da beleza – esta verdade, bondade e beleza de Deus –, e que são nossos preciosos aliados nos esforços por defender a dignidade do homem, na construção de uma convivência pacífica entre os povos e na guarda cuidadosa da criação.

49

Seguir o Crucificado

"Se o mundo vos odeia, sabei que primeiro odiou a mim. Se fôsseis do mundo, o mundo vos amaria como ama o que é seu; mas, porque não sois do mundo, e porque eu vos escolhi do meio do mundo, por isso o mundo vos odeia. Recordai-vos daquilo que eu vos disse: 'O servo não é maior do que o seu senhor'. Se me perseguiram, perseguirão a vós também. E se guardaram a minha palavra, guardarão também a vossa."

(Evangelho de João 15,18-20)

Uma antiga tradição da Igreja de Roma conta que o apóstolo Pedro, saindo da cidade para escapar da perseguição de Nero, viu que Jesus caminhava em sentido contrário e, em seguida, lhe perguntou: "Senhor, aonde vais?". A resposta de Jesus foi: "Vou a Roma para ser crucificado de novo". Naquele momento, Pedro compreendeu que tinha de seguir o Senhor com coragem, até o fim, mas entendeu, sobretudo, que nunca estava sozinho no caminho; com ele estava sempre aquele Jesus que o havia amado até morrer. Vejam, Jesus com sua cruz percorre nossas ruas e carrega nossos medos, nossos problemas, nossos sofrimentos, também os mais profundos.

50

Quem sou eu na via-sacra?

Enquanto levavam Jesus, pegaram um certo Simão, de Cirene, que voltava do campo, e mandaram-no carregar a cruz atrás de Jesus. Seguia--o uma grande multidão do povo, bem como de mulheres que batiam no peito e choravam por ele. Jesus, porém, voltou-se para elas e disse: "Mulheres de Jerusalém, não choreis por mim! Chorai por vós mesmas e por vossos filhos!".

(Evangelho de Lucas 23,26-28)

A cruz nos convida a sair de nós mesmos para ir ao encontro do outro e estender-lhe a mão. Na via-sacra, muitos rostos acompanharam Jesus no caminho do Calvário: Pilatos, o Cireneu, Maria, as mulheres... Eu pergunto hoje a vocês: Como quem querem ser? Querem ser como Pilatos, que não tem a coragem de ir contra a corrente para salvar a vida de Jesus, e lava as mãos? Digam-me: Vocês são dos que lavam as mãos, fazem--se de desentendidos e olham para o outro lado? Ou são como o Cireneu, que ajuda Jesus a levar aquele madeiro pesado, como Maria e as outras mulheres, que não têm medo de acompanhar Jesus até o fim, com amor, com ternura? Como qual deles vocês querem ser? Como Pilatos, como o Cireneu, como Maria? Jesus olha para você agora e lhe diz: Quer me ajudar a carregar a cruz? Irmão e irmã, o que lhe responderá?

51

A luz da fé

Eu vim ao mundo como luz, para que todo aquele que crê em mim não permaneça nas trevas. Se alguém ouve as minhas palavras e não as observa, não sou eu que o julgo, porque vim não para julgar o mundo, mas para salvá-lo.

(Evangelho de João 12,46-47)

A luz da fé é a expressão com que a tradição da Igreja designou o grande dom trazido por Jesus. Quem acredita, vê; vê com uma luz que ilumina todo o percurso da estrada, porque nos vem de Cristo ressuscitado, estrela da manhã que não tem ocaso.

Nos tempos modernos, (...) o homem renunciou à busca de uma luz grande, de uma verdade grande, para se contentar com pequenas luzes que iluminam por breves instantes, mas são incapazes de desvendar a estrada. Quando falta a luz, tudo se torna confuso: é impossível distinguir o bem do mal, diferenciar a estrada que conduz à meta daquela que nos faz girar repetidamente em círculo, sem direção.

Por isso, urge recuperar o caráter de luz que é próprio da fé, pois, quando a sua chama se apaga, todas as outras luzes acabam também por perder o seu vigor.

52

A fé é uma luz no caminho

Assim como acolhestes o Cristo Jesus, o Senhor, assim continuai caminhando com ele. Continuai enraizados nele, edificados sobre ele, firmes na fé tal qual vos foi ensinada, transbordando em ação de graças. Que ninguém vos faça prisioneiros de teorias e conversas sem fundamento, conforme tradições humanas, segundo os elementos do cosmo, e não segundo Cristo.

(Carta aos Colossenses 2,6-8)

A fé nasce do encontro com o Deus vivo, que nos chama e revela o seu amor: um amor que nos precede e sobre o qual podemos apoiar-nos para construir solidamente a vida. Transformados por esse amor, recebemos olhos novos e experimentamos que há nele uma grande promessa de plenitude, e se nos abre a visão do futuro.

A fé, que recebemos de Deus como dom sobrenatural, aparece-nos como luz para a estrada orientando os nossos passos no tempo. (...) Desse modo, compreendemos que a fé não mora na escuridão, mas é uma luz para as nossas trevas. (...). É precisamente desta luz da fé que quero falar, desejando que cresça a fim de iluminar o presente até se tornar estrela que mostra os horizontes do nosso caminho, em um tempo em que o homem vive particularmente carecido de luz.

53

Confiar-se à misericórdia de Deus

É digna de fé e de ser acolhida por todos esta palavra: Cristo Jesus veio ao mundo para salvar os pecadores, dos quais eu sou o primeiro. Mas alcancei misericórdia, para que em mim, o primeiro dos pecadores, Jesus Cristo mostrasse toda a sua paciência, fazendo de mim um exemplo para todos os que crerão nele, em vista da vida eterna.

(1 Carta a Timóteo 1,15-16)

Acreditar significa confiar-se a um amor misericordioso que sempre acolhe e perdoa, que sustenta e guia a existência, que se mostra poderoso na sua capacidade de endireitar os desvios da nossa história. A fé consiste na disponibilidade a deixar-se incessantemente transformar pelo chamado de Deus. Paradoxalmente, neste voltar-se continuamente para o Senhor, o homem encontra uma estrada segura que o liberta do movimento dispersivo a que o sujeitam os ídolos.

A fé é um dom gratuito de Deus, que exige a humildade e a coragem de fiar-se e entregar-se para ver o caminho luminoso do encontro entre Deus e os homens, a história da salvação.

Portanto, a fé cristã é fé no Amor pleno, no seu poder eficaz, na sua capacidade de transformar o mundo e iluminar o tempo. "Nós conhecemos o amor que Deus nos tem, pois cremos nele" (1Jo 4,16).

54

Deus conduz a história

No princípio era a Palavra, e a Palavra estava junto de Deus, e a Palavra era Deus. Nela estava a vida, e a vida era a luz dos homens. E a luz brilha nas trevas, e as trevas não conseguiram dominá-la. Esta (a Palavra) era a luz verdadeira, que vindo ao mundo a todos ilumina. Ela estava no mundo, e o mundo foi feito por meio dela, mas o mundo não a reconheceu. Ela veio para o que era seu, mas os seus não a acolheram. A quantos, porém, a acolheram, deu-lhes poder de se tornarem filhos de Deus: são os que creem no seu nome.

(Evangelho de João 1,1.4-5.9-12)

A nossa cultura perdeu a noção dessa presença concreta de Deus, da sua ação no mundo; pensamos que Deus se encontra só no além, em outro nível de realidade, separado das nossas relações concretas. Mas, se fosse assim, isto é, se Deus fosse incapaz de agir no mundo, o seu amor não seria verdadeiramente poderoso, verdadeiramente real e, por conseguinte, não seria sequer verdadeiro amor, capaz de cumprir a felicidade que promete. E, então, seria completamente indiferente crer ou não crer nele. Ao contrário, os cristãos confessam o amor concreto e poderoso de Deus, que atua verdadeiramente na história e determina o seu destino final; um amor que se fez passível de encontro, que se revelou em plenitude na paixão, morte e ressurreição de Cristo.

55

Jesus revela-nos o Pai

Jesus respondeu: "Eu sou o caminho, a verdade e a vida. Ninguém vai ao Pai senão por mim. Se me conhecestes, conhecereis também o meu Pai. Desde já o conheceis e o tendes visto". Filipe disse: "Senhor, mostra-nos o Pai, isso nos basta". Jesus respondeu: "Filipe, há tanto tempo estou convosco, e não me conheces? Quem me viu, tem visto o Pai. Como é que tu dizes: 'Mostra-nos o Pai'? Não acreditas que eu estou no Pai e que o Pai está em mim? As palavras que eu vos digo, não as digo por mim mesmo; é o Pai que, permanecendo em mim, realiza as suas obras. Crede-me: eu estou no Pai e o Pai está em mim".

(Evangelho de João 14,6-11a)

Em muitos âmbitos da vida, fiamo-nos de outras pessoas que conhecem as coisas melhor do que nós: temos confiança no arquiteto que constrói a nossa casa, no farmacêutico que nos fornece o remédio para a cura, no advogado que nos defende no tribunal. Precisamos também de alguém que seja fiável e perito nas coisas de Deus: Jesus, seu Filho, apresenta-se como aquele que nos explica Deus. A vida de Cristo, a sua maneira de conhecer o Pai, de viver totalmente em relação com ele, abre um espaço novo à experiência humana, e nós podemos entrar nele. (...)

"Cremos em" Jesus, quando o acolhemos pessoalmente na nossa vida e nos confiamos a ele, aderindo a ele no amor e seguindo-o ao longo do caminho.

56

A verdade

Pois vai chegar um tempo em que muitos não suportarão a sã doutrina, mas conforme seu gosto se cercarão de uma série de mestres que só atiçam o ouvido. E assim, deixando de ouvir a verdade, eles se desviarão para as fábulas. Tu, porém, vigia em tudo, suporta as provações, faze o trabalho de um evangelizador, desempenha bem o teu ministério.

(2 Carta a Timóteo 4,3-5)

Lembrar essa ligação da fé com a verdade é hoje mais necessário do que nunca, precisamente por causa da crise de verdade em que vivemos. Na cultura contemporânea, tende-se frequentemente a aceitar como verdade apenas a da tecnologia: é verdadeiro aquilo que o homem consegue construir e medir com a sua ciência; é verdadeiro porque funciona, e assim torna a vida mais cômoda e aprazível. Essa verdade parece ser, hoje, a única certa, a única partilhável com os outros, a única sobre a qual se pode conjuntamente discutir e comprometer-se; depois haveria as verdades do indivíduo, como ser autêntico diante daquilo que cada um sente no seu íntimo, válidas apenas para o sujeito, mas que não podem ser propostas aos outros com a pretensão de servir o bem comum. A verdade grande, aquela que explica o conjunto da vida pessoal e social, é vista com suspeita.

57

A transmissão da fé

Na verdade, partindo de vós, a palavra do Senhor não ecoou somente na Macedônia e na Acaia, mas a vossa fé em Deus se propagou tão bem, por toda parte, que mais não precisamos falar. Pois todos contam como fomos recebidos por vós e como, virando as costas aos ídolos, vos voltastes para o Deus vivo e verdadeiro e vos pusestes ao seu serviço, na espera do seu Filho, Jesus, que ele ressuscitou dentre os mortos e que virá dos céus para nos arrancar da ira que vem vindo.

(1 Carta aos Tessalonicenses 1,8-10)

Quem se abriu ao amor de Deus, acolheu a sua voz e recebeu a sua luz, não pode guardar esse dom para si mesmo. Uma vez que é escuta e visão, a fé transmite-se também como palavra e como luz; (...) A luz de Jesus brilha no rosto dos cristãos como em um espelho, e assim se difunde chegando até nós, para que também nós possamos participar dessa visão e refletir para outros a sua luz, da mesma forma que a luz do círio, na liturgia de Páscoa, acende muitas outras velas. A fé transmite-se, por assim dizer, sob a forma de contato, de pessoa a pessoa, como uma chama se acende em outra chama. Os cristãos, na sua pobreza, lançam uma semente tão fecunda, que se torna uma grande árvore, capaz de encher o mundo de frutos.

58

Comunidade de fé

Todos os que abraçavam a fé viviam unidos e possuíam tudo em comum; vendiam suas propriedades e seus bens e repartiam o dinheiro entre todos, conforme a necessidade de cada um. Perseverantes e bem unidos, frequentavam diariamente o templo, partiam o pão pelas casas e tomavam a refeição com alegria e simplicidade de coração. Louvavam a Deus e eram estimados por todo o povo. E, cada dia, o Senhor acrescentava a seu número mais pessoas que eram salvas.

(Atos dos Apóstolos 2,44-47)

É impossível crer sozinhos. A fé não é só uma opção individual que se realiza na interioridade do crente, não é uma relação isolada entre o "eu" do fiel e o "tu" divino, entre o sujeito autônomo e Deus; mas, por sua natureza, abre-se ao "nós", verifica-se sempre dentro da comunhão da Igreja. (...) O crer exprime-se como resposta a um convite, a uma palavra que não provém de mim, mas deve ser escutada; por isso, insere-se no interior de um diálogo, não pode ser uma mera confissão que nasce do indivíduo (...). Esta abertura ao "nós" eclesial realiza-se de acordo com a abertura própria do amor de Deus, que não é apenas relação entre o Pai e o Filho, entre "eu" e "tu", mas, no Espírito, é também um "nós", uma comunhão de pessoas. Por isso mesmo, quem crê nunca está sozinho; e, pela mesma razão, a fé tende a difundir-se, a convidar outros para a sua alegria.

59

A família educadora da fé

Dou graças a Deus – a quem sirvo com a consciência pura como aprendi de meus pais –, quando sem cessar, noite e dia, faço menção de ti em minhas orações. Lembrando-me de tuas lágrimas, sinto grande desejo de rever-te e, assim, encher-me de alegria. Recordo-me também da fé sincera que há em ti, fé que habitou, primeiro, em tua avó Loide e em tua mãe Eunice, e que certamente habita também em ti.

(2 Carta a Timóteo 1,3-5)

Em família, a fé acompanha todas as idades da vida, a começar pela infância: as crianças aprendem a confiar no amor de seus pais. Por isso, é importante que os pais cultivem práticas de fé comuns na família, que acompanhem o amadurecimento da fé dos filhos. Sobretudo os jovens, que atravessam uma idade da vida tão complexa, rica e importante para a fé, devem sentir a proximidade e a atenção da família e da comunidade eclesial no seu caminho de crescimento da fé. (...) Os jovens têm o desejo de uma vida grande; o encontro com Cristo, o deixar-se conquistar e guiar pelo seu amor, alarga o horizonte da existência, dá-lhe uma esperança firme que não desilude. A fé não é um refúgio para gente sem coragem, mas a dilatação da vida: faz descobrir um grande chamado – a vocação ao amor – e assegura que este amor é fiável, que vale a pena entregar-se a ele, porque o seu fundamento se encontra na fidelidade de Deus, que é mais forte do que toda a nossa fragilidade.

60

Presença luminosa

Portanto, com tamanha nuvem de testemunhas em torno de nós, deixemos de lado tudo o que nos atrapalha e o pecado que nos envolve. Corramos com perseverança na competição que nos é proposta, com os olhos fixos em Jesus, que vai à frente da nossa fé e a leva à perfeição. Em vista da alegria que o esperava, suportou a cruz, não se importando com a infâmia, e assentou-se à direita do trono de Deus.

(Carta aos Hebreus 12,1-2)

A luz da fé não nos faz esquecer os sofrimentos do mundo. Os que sofrem foram mediadores de luz para tantos homens e mulheres de fé; tal foi o leproso para São Francisco de Assis, ou os pobres para a Beata Teresa de Calcutá. Compreenderam o mistério que há neles; aproximando-se deles, certamente não cancelaram todos os seus sofrimentos, nem puderam explicar todo o mal. A fé não é luz que dissipa todas as nossas trevas, mas lâmpada que guia os nossos passos na noite, e isso basta para o caminho. Ao homem que sofre, Deus não dá um raciocínio que explique tudo, mas oferece a sua resposta sob a forma de uma presença que o acompanha, de uma história de bem que se une a cada história de sofrimento, para nela abrir uma brecha de luz.

61

Fraternidade: caminho para a paz

Acolhei-vos uns aos outros, como Cristo vos acolheu, para a glória de Deus. Pois eu digo: Cristo tornou-se servo dos circuncisos, para mostrar que Deus é fiel e cumpre as promessas feitas aos pais. Quanto aos pagãos, eles glorificam a Deus por causa de sua misericórdia, como está escrito: "Por isso eu te glorificarei entre as nações e cantarei louvores ao teu nome". Que o Deus da esperança vos encha de toda alegria e paz, em vossa vida de fé. Assim, vossa esperança transbordará, pelo poder do Espírito Santo.

(Carta aos Romanos 15,7-9.13)

Cristo abraça todo o ser humano e deseja que ninguém se perca. "Deus não enviou o seu Filho ao mundo para condenar o mundo, mas para que o mundo seja salvo por Ele" (Jo 3,17). Ele faz isso sem oprimir, sem forçar ninguém a abrir-lhe as portas do coração e da mente. "O que for maior entre vós seja como o menor, e aquele que mandar, como aquele que serve", diz Jesus Cristo. "(...) Eu estou no meio de vós como aquele que serve" (Lc 22,26-27). Desse modo, cada atividade deve ser caracterizada por uma atitude de serviço às pessoas, incluindo as mais distantes e desconhecidas. O serviço é a alma da fraternidade que edifica a paz.

Que Maria, a Mãe de Jesus, nos ajude a compreender e a viver todos os dias a fraternidade que jorra do coração do seu Filho, para levar a paz a todo homem que vive nesta nossa amada terra.

62

A alegria do Evangelho

Havia naquela região pastores que passavam a noite nos campos, tomando conta do rebanho. Um anjo do Senhor lhes apareceu, e a glória do Senhor os envolveu de luz. Os pastores ficaram com muito medo. O anjo então lhes disse: "Não tenhais medo! Eu vos anuncio uma grande alegria, que será também a de todo o povo: hoje, na cidade de Davi, nasceu para vós o Salvador, que é o Cristo Senhor! E isto vos servirá de sinal: encontrareis um recém-nascido, envolto em faixas e deitado numa manjedoura".

(Evangelho de Lucas 2,8-12)

A alegria do Evangelho enche o coração e a vida inteira daqueles que se encontram com Jesus. Quantos se deixam salvar por ele são libertados do pecado, da tristeza, do vazio interior, do isolamento. Com Jesus Cristo, renasce sem cessar a alegria.

Quando a vida interior se fecha nos próprios interesses, deixa de haver espaço para os outros, já não entram os pobres, já não se ouve a voz de Deus, já não se goza da doce alegria do seu amor, nem fervilha o entusiasmo de fazer o bem. Esse é um risco, certo e permanente, que correm também os crentes. Muitos caem nele, transformando-se em pessoas ressentidas, queixosas, sem vida. Essa não é a escolha duma vida digna e plena, esse não é o desígnio que Deus tem para nós, essa não é a vida no Espírito que jorra do coração de Cristo ressuscitado.

63

Volta para Deus

Vou voltar para meu pai e dizer-lhe: "Pai, pequei contra Deus e contra ti; já não mereço ser chamado teu filho. Trata-me como a um dos teus empregados". Então ele partiu e voltou para seu pai. Quando ainda estava longe, seu pai o avistou e foi tomado de compaixão. Correu-lhe ao encontro, abraçou-o e o cobriu de beijos.

(Evangelho de Lucas 15,18-20)

Convido todo cristão, em qualquer lugar e situação em que se encontre, a renovar hoje mesmo o seu encontro pessoal com Jesus Cristo ou, pelo menos, a tomar a decisão de se deixar encontrar por ele, de procurá-lo dia a dia sem cessar. Não há motivo para alguém poder pensar que esse convite não lhe diz respeito, já que "da alegria trazida pelo Senhor ninguém é excluído". Quem arrisca, o Senhor não o desilude; e, quando alguém dá um pequeno passo em direção a Jesus, descobre que ele já aguardava de braços abertos a sua chegada. Este é o momento para dizer a Jesus Cristo: "Senhor, deixei-me enganar, de mil maneiras fugi do vosso amor, mas aqui estou novamente para renovar a minha aliança convosco. Preciso de vós. Resgatai-me de novo, Senhor; aceitai-me mais uma vez nos vossos braços redentores". Como nos faz bem voltar para ele, quando nos perdemos.

64

Deus nunca desiste de você

Por isso – como diz o Espírito Santo –, "hoje, se ouvirdes a sua voz, não endureçais os vossos corações". Cuidai, irmãos, que não se ache em algum de vós um coração transviado pela incredulidade; que ninguém se afaste do Deus vivo. Antes, animai-vos uns aos outros, dia após dia, enquanto ressoar esse "hoje", para que nenhum de vós fique endurecido pela sedução do pecado – pois tornamo-nos parceiros de Cristo, contanto que mantenhamos firme até o fim a nossa constância inicial.

(Carta aos Hebreus 3,7-8a.12-14)

Deus nunca se cansa de perdoar, somos nós que nos cansamos de pedir a sua misericórdia. Aquele que nos convidou a perdoar "setenta vezes sete" (Mt 18,22) dá-nos o exemplo: ele perdoa setenta vezes sete. Volta uma vez e outra a carregar-nos nos seus ombros. Ninguém nos pode tirar a dignidade que esse amor infinito e inabalável nos confere. Ele permite-nos levantar a cabeça e recomeçar, com uma ternura que nunca nos defrauda e sempre nos pode restituir a alegria. Não fujamos da ressurreição de Jesus; nunca nos demos por mortos, suceda o que suceder. Que nada possa mais do que a sua vida que nos impele para adiante.

65

Alegria da fé

Ora, trazemos esse tesouro em vasos de barro, para que todos reconheçam que este poder extraordinário vem de Deus e não de nós. Somos afligidos de todos os lados, mas não vencidos pela angústia; postos em apuros, mas não desesperançados; perseguidos, mas não desamparados; derrubados, mas não aniquilados; por toda a parte e sempre levamos em nosso corpo o morrer de Jesus, para que também a vida de Jesus se manifeste em nossa existência mortal. Isto acontece, porque miramos às coisas invisíveis e não às visíveis. Pois o que é visível é passageiro, mas o que é invisível é eterno.

(2 Carta aos Coríntios 4,7-10.18)

Há cristãos que parecem ter escolhido viver uma Quaresma sem Páscoa. Reconheço, porém, que a alegria não se vive da mesma maneira em todas as etapas e circunstâncias da vida, por vezes muito duras. Adapta-se e transforma-se, mas sempre permanece pelo menos como um feixe de luz que nasce da certeza pessoal de, não obstante o contrário, sermos infinitamente amados. Compreendo as pessoas que se vergam à tristeza por causa das graves dificuldades que têm de suportar, mas aos poucos é preciso permitir que a alegria da fé comece a despertar, como uma secreta mas firme confiança, mesmo no meio das piores angústias.

66

Felizes os pobres e simples

Jesus exultou no Espírito Santo e disse: "Eu te louvo, Pai, Senhor do céu e da terra, porque escondeste essas coisas aos sábios e entendidos e as revelaste aos pequeninos. Sim, Pai, assim foi do teu agrado". E voltando-se para os discípulos em particular, disse-lhes: "Felizes os olhos que veem o que vós estais vendo! Pois eu vos digo: muitos profetas e reis quiseram ver o que vós estais vendo, e não viram; quiseram ouvir o que estais ouvindo, e não ouviram".

(Evangelho de Lucas 10,21.23-24)

*P*osso dizer que as alegrias mais belas e espontâneas que vi ao longo da minha vida, são as alegrias de pessoas muito pobres que têm pouco a que se agarrar. Recordo também a alegria genuína daqueles que, mesmo no meio de grandes compromissos profissionais, souberam conservar um coração crente, generoso e simples. De várias maneiras, essas alegrias bebem na fonte do amor maior, que é o de Deus, a nós manifestado em Jesus Cristo. Não me cansarei de repetir estas palavras de Bento XVI que nos levam ao centro do Evangelho: "Ao início do ser cristão, não há uma decisão ética ou uma grande ideia, mas o encontro com um acontecimento, com uma Pessoa que dá à vida um novo horizonte e, dessa forma, o rumo decisivo".

67

Vai, eu te envio

O Senhor escolheu outros setenta e dois e enviou-os, dois a dois, à sua frente, a toda cidade e lugar para onde ele mesmo devia ir. E dizia-lhes: "A colheita é grande, mas os trabalhadores são poucos. Pedi, pois, ao Senhor da colheita que mande trabalhadores para sua colheita".

Os setenta e dois voltaram alegres, dizendo: "Senhor, até os demônios nos obedecem por causa do teu nome". Jesus respondeu: ... "Contudo, não vos alegreis porque os espíritos se submetem a vós. Antes, ficai alegres porque vossos nomes estão escritos nos céus".

(Evangelho de Lucas 10,1-2.17-18a.20)

𝒩a Palavra de Deus, aparece constantemente esse dinamismo de "saída", que Deus quer provocar nos crentes. Abraão aceitou a chamada para partir rumo a uma nova terra (cf. Gn 12,1-3). Moisés ouviu a chamada de Deus: "Vai; eu te envio" (Ex 3,10), e fez sair o povo para a terra prometida (cf. Ex 3,17). A Jeremias disse: "Irás aonde eu te enviar" (Jr 1,7). Naquele "ide" de Jesus, estão presentes os cenários e os desafios sempre novos da missão evangelizadora da Igreja, e hoje todos somos chamados a essa nova "saída" missionária. Cada cristão e cada comunidade há de discernir qual é o caminho que o Senhor lhe pede, mas todos somos convidados a aceitar essa chamada: sair da própria comodidade e ter a coragem de alcançar todas as periferias que precisam da luz do Evangelho.

68

O cheiro das ovelhas

Jesus levantou-se da ceia, tirou o manto, pegou uma toalha e amarrou-a à cintura. Derramou água numa bacia, pôs-se a lavar os pés dos discípulos e enxugava-os com a toalha que trazia à cintura. Depois de lavar os pés dos discípulos, Jesus vestiu o manto e voltou ao seu lugar. Disse aos discípulos: "Entendeis o que eu vos fiz? Vós me chamais de Mestre e Senhor; e dizeis bem, porque sou. Se eu, o Senhor e Mestre, vos lavei os pés, também vós deveis lavar os pés uns aos outros".

(Evangelho de João 13,4-5.12-14)

Ousemos um pouco mais ao tomar a iniciativa. Como consequência, a Igreja sabe "envolver-se". Jesus lavou os pés dos seus discípulos. O Senhor envolve-se e envolve os seus, pondo-se de joelhos diante dos outros para lavá-los; mas, logo a seguir, diz aos discípulos: "Sereis felizes se o puserdes em prática" (Jo 13,17). Com obras e gestos, a comunidade missionária entra na vida diária dos outros, encurta as distâncias, abaixa-se – se for necessário – até a humilhação e assume a vida humana, tocando a carne sofredora de Cristo no povo. Os evangelizadores contraem assim o "cheiro de ovelha", e estas escutam a sua voz. Em seguida, a comunidade evangelizadora dispõe-se a "acompanhar". Acompanha a humanidade em todos os seus processos, por mais duros e demorados que sejam.

69

Portas abertas

Jesus disse então: "Em verdade, em verdade, vos digo: eu sou a porta das ovelhas. Todos aqueles que vieram antes de mim são ladrões e assaltantes, mas as ovelhas não os escutaram. Eu sou a porta. Quem entrar por mim será salvo; poderá entrar e sair, e encontrará pastagem. O ladrão vem só para roubar, matar e destruir. Eu vim para que tenham vida, e a tenham em abundância".

(Evangelho de João 10,7-10)

A Igreja é chamada a ser sempre a casa aberta do Pai. Um dos sinais concretos dessa abertura é ter, por todo o lado, igrejas com as portas abertas. Assim, se alguém quiser seguir uma moção do Espírito e se aproximar à procura de Deus, não esbarrará na frieza duma porta fechada. Mas há outras portas que também não se devem fechar: todos podem participar de alguma forma da vida eclesial, todos podem fazer parte da comunidade, e nem sequer as portas dos sacramentos se deveriam fechar por uma razão qualquer. Isso vale, sobretudo, quando se trata daquele sacramento que é a "porta": o Batismo. A Eucaristia, embora constitua a plenitude da vida sacramental, não é um prêmio para os perfeitos, mas um remédio generoso e um alimento para os fracos.

70

Igreja missionária

Jesus se aproximou dos discípulos e disse: "Ide, pois, fazer discípulos entre todas as nações, e batizai-os em nome do Pai, do Filho e do Espírito Santo. Ensinai-lhes a observar tudo o que vos tenho ordenado. Eis que estou convosco todos os dias, até o fim dos tempos".

(Evangelho de Mateus 28,18-20)

Saiamos, saiamos para oferecer a todos a vida de Jesus Cristo! Repito aqui, para toda a Igreja, aquilo que muitas vezes disse aos sacerdotes e aos leigos de Buenos Aires: prefiro uma Igreja acidentada, ferida e enlameada por ter saído pelas estradas, a uma Igreja enferma pelo fechamento e à comodidade de se agarrar às próprias seguranças. Não quero uma Igreja preocupada com ser o centro, e que acaba presa num emaranhado de obsessões e procedimentos. Se alguma coisa nos deve santamente inquietar e preocupar a nossa consciência, é que haja tantos irmãos nossos que vivem sem a força, a luz e a consolação da amizade com Jesus Cristo, sem uma comunidade de fé que os acolha, sem um horizonte de sentido e de vida. Mais do que o temor de falhar, espero que nos mova o medo de nos encerrarmos nas estruturas que nos dão uma falsa proteção, nas normas que nos transformam em juízes implacáveis, nos hábitos em que nos sentimos tranquilos, enquanto lá fora há uma multidão faminta e Jesus repete-nos sem cessar: "Dai--lhes vós mesmos de comer".

71

Economia da exclusão

Com efeito, não trouxemos nada para este mundo, como também dele não podemos levar coisa alguma. Então, tendo com que nos sustentar e nos vestir, fiquemos contentes. Pois os que querem enriquecer caem em muitas tentações e laços, em desejos insensatos e nocivos, que mergulham as pessoas na ruína e perdição. Na verdade, a raiz de todos os males é o amor ao dinheiro. Por se terem entregue a ele, alguns se desviaram da fé e se afligem com inúmeros sofrimentos.

(1 Carta a Timóteo 6,7-10)

Assim como o mandamento "não matar" põe um limite claro para assegurar o valor da vida humana, assim também hoje devemos dizer "não a uma economia da exclusão e da desigualdade social". Essa economia mata. Não é possível que a morte por enregelamento dum idoso sem abrigo não seja notícia, enquanto o é a descida de dois pontos na Bolsa. Isso é exclusão. Não se pode tolerar mais o fato de se lançar comida no lixo, quando há pessoas que passam fome. Isso é desigualdade social. Hoje, tudo entra no jogo da competitividade e da lei do mais forte, onde o poderoso engole o mais fraco. Em consequência dessa situação, grandes massas da população veem-se excluídas e marginalizadas: sem trabalho, sem perspectivas, num beco sem saída. O ser humano é considerado, em si mesmo, como um bem de consumo que se pode usar e depois lançar fora.

72

Globalização da indiferença

Meus irmãos, que adianta alguém dizer que tem fé, quando não tem as obras? A fé seria capaz de salvá-lo? Imaginai que um irmão ou uma irmã não têm o que vestir e que lhes falta a comida de cada dia; se então algum de vós disser a eles: "Ide em paz, aquecei-vos" e "Comei à vontade", sem lhes dar o necessário para o corpo, que adianta isso? Assim também a fé: se não se traduz em ações, por si só está morta. Pelo contrário, assim é que se deve dizer: "Tu tens a fé, e eu tenho obras! Mostra-me a tua fé sem as obras, que eu te mostrarei a minha fé a partir de minhas obras!".

(Carta de Tiago 2,14-18)

*P*ara se poder apoiar um estilo de vida que exclui os outros ou mesmo entusiasmar-se com esse ideal egoísta, desenvolveu-se uma globalização da indiferença. Quase sem nos dar conta, tornamo-nos incapazes de nos compadecer ao ouvir os clamores alheios, já não choramos à vista do drama dos outros, nem nos interessamos por cuidar deles, como se tudo fosse uma responsabilidade de outrem, que não nos incumbe. A cultura do bem-estar anestesia-nos, a ponto de perdermos a serenidade se o mercado oferece algo que ainda não compramos, enquanto todas essas vidas ceifadas por falta de possibilidades nos parecem um mero espetáculo que não nos incomoda de forma alguma.

73

Deus habita a cidade

Vi também a cidade santa, a nova Jerusalém, descendo do céu, de junto de Deus, vestida como noiva enfeitada para o seu esposo. Então, ouvi uma voz forte que saía do trono e dizia: "Esta é a morada de Deus--com-os-homens. Ele vai morar junto deles. Eles serão o seu povo, e o próprio Deus-com-eles será seu Deus. Ele enxugará toda lágrima dos seus olhos. A morte não existirá mais, e não haverá mais luto, nem grito, nem dor, porque as coisas anteriores passaram". Aquele que está sentado no trono disse: "Eis que faço novas todas as coisas".

(Apocalipse 21,2-5)

A nova Jerusalém, a cidade santa, é a meta para onde peregrina toda a humanidade. É interessante que a revelação nos diga que a plenitude da humanidade e da história se realiza numa cidade. Precisamos identificar a cidade a partir de um olhar contemplativo, isto é, um olhar de fé que descubra Deus que habita nas suas casas, nas suas ruas, nas suas praças. A presença de Deus acompanha a busca sincera que indivíduos e grupos efetuam para encontrar apoio e sentido para a sua vida. Ele vive entre os citadinos promovendo a solidariedade, a fraternidade, o desejo de bem, de verdade, de justiça. Essa presença não precisa ser criada, mas descoberta, desvendada. Deus não se esconde de quantos o buscam com coração sincero, ainda que o façam tateando, de maneira imprecisa e incerta.

74

Encontro e solidariedade

A multidão dos fiéis era um só coração e uma só alma. Ninguém considerava suas as coisas que possuía, mas tudo entre eles era posto em comum. Com grande poder, os apóstolos davam testemunho da ressurreição do Senhor Jesus, e sobre todos eles multiplicava-se a graça de Deus. Entre eles ninguém passava necessidade, pois aqueles que possuíam terras ou casas as vendiam, traziam o dinheiro e o depositavam aos pés dos apóstolos. Depois, era distribuído conforme a necessidade de cada um.

(Atos dos Apóstolos 4,32-35)

$\mathcal{N}$este tempo em que as redes e demais instrumentos da comunicação humana alcançaram progressos inauditos, sentimos o desafio de descobrir e transmitir a "mística" de viver juntos, misturar-nos, encontrar-nos, dar o braço, apoiar-nos, participar nessa maré um pouco caótica que pode transformar-se numa verdadeira experiência de fraternidade, numa caravana solidária, numa peregrinação sagrada. Assim, as maiores possibilidades de comunicação traduzir-se-ão em novas oportunidades de encontro e solidariedade entre todos. Como seria bom, salutar, libertador, esperançoso, se pudéssemos trilhar esse caminho. Sair de si mesmo para se unir aos outros faz bem. Fechar-se em si mesmo é provar o veneno amargo da imanência, e a humanidade perderá com cada opção egoísta que fizermos.

75

Relacionamentos que curam

Portanto, como eleitos de Deus, santos e amados, vesti-vos com sentimentos de compaixão, com bondade, humildade, mansidão, paciência; suportai-vos uns aos outros e, se um tiver motivo de queixa contra o outro, perdoai-vos mutuamente. Como o Senhor vos perdoou, fazei assim também vós. Sobretudo, revesti-vos do amor, que une a todos na perfeição. Reine em vossos corações a paz de Cristo, para a qual também fostes chamados em um só corpo. E sede agradecidos.

(Carta aos Colossenses 3,12-15)

*N*isto está a verdadeira cura: de fato, o modo de nos relacionarmos com os outros que, em vez de nos adoecer, nos cura é uma fraternidade mística, contemplativa, que sabe ver a grandeza sagrada do próximo, que sabe descobrir Deus em cada ser humano, que sabe tolerar as moléstias da convivência agarrando-se ao amor de Deus, que sabe abrir o coração ao amor divino para procurar a felicidade dos outros como a procura o seu Pai bom. Precisamente nesta época, inclusive onde são um "pequenino rebanho" (Lc 12,32), os discípulos do Senhor são chamados a viver como comunidade que seja sal da terra e luz do mundo (cf. Mt 5,13-16).

76

Por que as guerras?

De onde vêm as guerras? De onde vêm as brigas entre vós? Não vêm, precisamente, das paixões que estão em conflito dentro de vós? Cobiçais, mas não conseguis ter. Matais, fomentais inveja, mas não conseguis êxito. Brigais e fazeis guerra, mas não conseguis possuir. E a razão por que não possuís está em que não pedis. Pedis, sim, mas não recebeis, porque pedis mal. Pois o que pedis, só quereis esbanjá-lo nos vossos prazeres. Aproximai-vos de Deus, e ele se aproximará de vós. Limpai as mãos, ó pecadores, e purificai os corações, homens ambíguos.

(Carta de Tiago 4,1-3.8)

Dentro do povo de Deus e nas diferentes comunidades, quantas guerras! No bairro, no local de trabalho, quantas guerras por invejas e ciúmes, mesmo entre cristãos. O mundanismo espiritual leva alguns cristãos a estar em guerra com outros cristãos que se interpõem na sua busca pelo poder, prestígio, prazer ou segurança econômica. Além disso, alguns deixam de viver uma adesão cordial à Igreja por alimentar um espírito de contenda. Mais do que pertencer à Igreja inteira, com a sua rica diversidade, pertencem a este ou àquele grupo que se sente diferente ou especial.

77

O testemunho cristão

Na verdade, é Deus que produz em vós tanto o querer como o fazer, conforme o seu agrado. Fazei tudo sem murmurar nem questionar, para que sejais irrepreensíveis e íntegros, filhos de Deus sem defeito, no meio de uma geração má e perversa, na qual brilhais como luzeiros no mundo, apegados firmemente à palavra da vida. Assim, no dia de Cristo, terei a glória de não ter corrido em vão, nem trabalhado inutilmente.

(Carta aos Filipenses 2,13-16)

O mundo está dilacerado pelas guerras e a violência, ou ferido por um generalizado individualismo que divide os seres humanos e põe-nos uns contra os outros, visando ao próprio bem-estar. Em vários países, ressurgem conflitos e antigas divisões que se pensavam em parte superados. Aos cristãos de todas as comunidades do mundo, quero pedir-lhes de modo especial um testemunho de comunhão fraterna, que se torne fascinante e resplandecente. Que todos possam admirar como vos preocupais uns pelos outros, como mutuamente vos encorajais animais e ajudais: "Por isto é que todos conhecerão que sois meus discípulos: se vos amardes uns aos outros" (Jo 13,35). Foi o que Jesus, com uma intensa oração, pediu ao Pai: "Que todos sejam um só (...) em nós para que o mundo creia" (Jo 17,21). Cuidado com a tentação da inveja. Estamos no mesmo barco e vamos para o mesmo porto. Peçamos a graça de nos alegrarmos com os frutos alheios, que são de todos.

78

O amor fraterno

A ninguém pagueis o mal com o mal. Empenhai-vos em fazer o bem diante de todos. Na medida do possível e enquanto depender de vós, vivei em paz com todos. Caríssimos, não vos vingueis de ninguém, mas cedei o passo à ira de Deus, porquanto está escrito: "A mim pertence a vingança, eu retribuirei, diz o Senhor". Pelo contrário, se teu inimigo estiver com fome, dá-lhe de comer; se estiver com sede, dá-lhe de beber. Agindo assim, estarás amontoando brasas sobre sua cabeça. Não te deixes vencer pelo mal, mas vence o mal pelo bem.

(Carta aos Romanos 12,17-21)

Peçamos ao Senhor que nos faça compreender a lei do amor. Que bom é termos esta lei. Como nos faz bem, apesar de tudo, amar-nos uns aos outros. Sim, apesar de tudo! A cada um de nós é dirigida a exortação de Paulo: "Não te deixes vencer pelo mal, mas vence o mal com o bem". E ainda: "Não nos cansemos de fazer o bem" (Gl 6, 9). Todos nós provamos simpatias e antipatias, e talvez neste momento estejamos chateados com alguém. Pelo menos digamos ao Senhor: "Senhor, estou chateado com este, com aquela. Peço-vos por ele e por ela". Rezar pela pessoa com quem estamos irritados é um belo passo rumo ao amor, e é um ato de evangelização. Façamo-lo hoje mesmo. Não deixemos que nos roubem o ideal do amor fraterno.

79

Expressão popular da fé

"Quando orardes, não sejais como os hipócritas, que gostam de orar nas sinagogas e nas esquinas das praças, em posição de serem vistos pelos outros. Em verdade vos digo: já receberam a sua recompensa. Tu, porém, quando orares, entra no teu quarto, fecha a porta e ora ao teu Pai que está no escondido. E o teu Pai, que vê no escondido, te dará a recompensa. Quando orardes, não useis de muitas palavras, como fazem os pagãos. Eles pensam que serão ouvidos por força das muitas palavras. Não sejais como eles, pois o vosso Pai sabe do que precisais, antes de vós o pedirdes."

(Evangelho de Mateus 6,5-8)

Só a partir da conaturalidade afetiva que dá o amor é que podemos apreciar a vida teologal presente na piedade dos povos cristãos, especialmente nos pobres. Penso na fé firme das mães ao pé da cama do filho doente, que se agarram a um terço ainda que não saibam elencar os artigos do Credo; ou na carga imensa de esperança contida numa vela que se acende, numa casa humilde, para pedir ajuda a Maria, ou nos olhares de profundo amor a Cristo crucificado. Quem ama o povo fiel de Deus não pode ver essas ações unicamente como uma busca natural da divindade; são a manifestação de uma vida teologal animada pela ação do Espírito Santo, que foi derramado em nossos corações (cf. Rm 5,5).

80

Leitura orante da Palavra

Quanto a ti, permanece firme naquilo que aprendeste e aceitaste como verdade. E sabes de quem o aprendeste! Desde criança conheces as Escrituras Sagradas. Elas têm o poder de te comunicar a sabedoria que conduz à salvação pela fé no Cristo Jesus. Toda Escritura é inspirada por Deus e é útil para ensinar, para argumentar, para corrigir, para educar conforme a justiça. Assim, a pessoa que é de Deus estará capacitada e bem preparada para toda boa obra.

(2 Carta a Timóteo 3,14-17)

Na presença de Deus, numa leitura tranquila do texto, é bom perguntar-se, por exemplo: "Senhor, a mim que me diz este texto? Com esta mensagem, que quereis mudar na minha vida? Que é que me dá fastio neste texto? Por que é que isto não me interessa?"; ou então: "De que eu gosto? Em que me estimula esta Palavra? O que me atrai? E por que me atrai?". (...) ninguém é mais paciente do que Deus Pai, ninguém compreende e sabe esperar como ele. Deus convida sempre a dar um passo a mais, mas não exige uma resposta completa, se ainda não percorremos o caminho que a torna possível. Apenas quer que olhemos com sinceridade a nossa vida e a apresentemos sem fingimento diante dos seus olhos, que estejamos dispostos a continuar a crescer, e peçamos a ele o que ainda não podemos conseguir.

81

Fé e compromisso social

Então o Rei dirá aos que estiverem à sua direita: "Vinde, benditos de meu Pai! Recebei em herança o Reino que meu Pai vos preparou desde a criação do mundo! Pois eu estava com fome, e me destes de comer; estava com sede, e me destes de beber; eu era forasteiro, e me recebestes em casa; estava nu e me vestistes; doente, e cuidastes de mim; na prisão, e fostes visitar-me".

(Evangelho de Mateus 25,34-36)

Já não se pode afirmar que a religião deve limitar-se ao âmbito privado e serve apenas para preparar as almas para o céu. Sabemos que Deus deseja a felicidade dos seus filhos também nesta terra, embora estejam chamados à plenitude eterna, porque ele criou todas as coisas "para nosso usufruto" (1Tm 6,17), para que todos possam usufruir delas. Por isso, a conversão cristã exige rever "especialmente tudo o que diz respeito à ordem social e consecução do bem comum".

Uma fé autêntica – que nunca é cômoda nem individualista – comporta sempre um profundo desejo de mudar o mundo, transmitir valores, deixar a terra um pouco melhor depois da nossa passagem por ela. Amamos este magnífico planeta, onde Deus nos colocou, e amamos a humanidade que o habita, com todos os seus dramas e cansaços, com os seus anseios e esperanças, com os seus valores e fragilidades. A terra é a nossa casa comum, e todos somos irmãos.

82

Opção preferencial pelos pobres

Escutai, meus caríssimos irmãos: não escolheu Deus os pobres aos olhos do mundo para serem ricos na fé e herdeiros do Reino que prometeu aos que o amam? Mas vós desprezais o pobre! Acaso não são os ricos que vos oprimem e vos arrastam aos tribunais?

(Carta de Tiago 2,5-6)

No coração de Deus, ocupam lugar preferencial os pobres, tanto que até ele mesmo "Se fez pobre" (2Cor 8,9). (...) Esta salvação veio a nós, através do "sim" de uma jovem humilde, de uma pequena povoação perdida na periferia de um grande império. O Salvador nasceu num presépio, entre animais, como sucedia com os filhos dos mais pobres; foi apresentado no Templo, juntamente com dois pombinhos, a oferta de quem não podia permitir-se pagar um cordeiro (cf. Lc 2,24; Lv 5,7); cresceu num lar de simples trabalhadores, e trabalhou com suas mãos para ganhar o pão. Quando começou a anunciar o Reino, seguiam-no multidões de deserdados, pondo assim em evidência o que ele mesmo dissera: "O Espírito do Senhor está sobre mim, porque me ungiu para anunciar a Boa-Nova aos pobres" (Lc 4,18). A quantos sentiam o peso do sofrimento, acabrunhados pela pobreza, assegurou que Deus os tinha no âmago do seu coração: "Felizes vós, os pobres, porque vosso é o Reino de Deus" (Lc 6,20); e com eles se identificou: "Tive fome e destes-me de comer" (cf. Mt 25,34-40).

83

A vocação política

Antes de tudo, peço que se façam súplicas, orações, intercessões, ação de graças, por todas as pessoas, pelos reis e pelas autoridades em geral, para que possamos levar uma vida calma e tranquila, com toda a piedade e dignidade. Isto é bom e agradável a Deus, nosso Salvador. Ele quer que todos sejam salvos e cheguem ao conhecimento da verdade.

(1 Carta a Timóteo 2,1-4)

Peço a Deus que cresça o número de políticos capazes de entrar num autêntico diálogo que vise efetivamente a sanar as raízes profundas e não a aparência dos males do nosso mundo. A política, tão denegrida, é uma sublime vocação, é uma das formas mais preciosas da caridade, porque busca o bem comum. Temos de nos convencer de que a caridade "é o princípio não só das microrrelações estabelecidas entre amigos, na família, no pequeno grupo, mas também das macrorrelações como relacionamentos sociais, econômicos, políticos". Rezo ao Senhor para que nos conceda mais políticos, que tenham verdadeiramente a peito a sociedade, o povo, a vida dos pobres. É indispensável que os governantes e o poder financeiro levantem o olhar e alarguem as suas perspectivas, procurando que haja trabalho digno, instrução e cuidados sanitários para todos os cidadãos.

84

Novas formas de pobreza

O amor seja sincero. Detestai o mal, apegai-vos ao bem. Que o amor fraterno vos una uns aos outros, com terna afeição, rivalizando-vos em atenções recíprocas. Sede zelosos e diligentes, fervorosos de espírito, servindo sempre ao Senhor, alegres na esperança, fortes na tribulação, perseverantes na oração. Mostrai-vos solidários com os santos em suas necessidades, prossegui firmes na prática da hospitalidade. Abençoai os que vos perseguem, abençoai e não amaldiçoeis. Alegrai-vos com os que se alegram, chorai com os que choram.

(Carta aos Romanos 12,9-14)

Jesus, o evangelizador por excelência e o Evangelho em pessoa, identificou-se especialmente com os mais pequeninos (cf. Mt 25,40). Isso nos recorda, a todos os cristãos, que somos chamados a cuidar dos mais frágeis da terra. Mas, no modelo "do êxito" e "individualista" em vigor, parece que não faz sentido investir para que os lentos, fracos ou menos dotados possam também singrar na vida.

Embora aparentemente não nos traga benefícios tangíveis e imediatos, é indispensável prestarmos atenção e nos debruçarmos sobre as novas formas de pobreza e fragilidade, nas quais somos chamados a reconhecer Cristo sofredor: os sem abrigo, os toxicodependentes, os refugiados, os povos indígenas, os idosos cada vez mais sós e abandonados etc.

85

O espírito de contemplação

Jesus levou consigo Pedro, João e Tiago, e subiu à montanha para orar. Enquanto orava, seu rosto mudou de aparência e sua roupa ficou branca e brilhante. Dois homens conversavam com ele: eram Moisés e Elias. Pedro disse a Jesus: "Mestre, é bom ficarmos aqui. Vamos fazer três tendas: uma para ti, outra para Moisés e outra para Elias". Estava ainda falando, quando desceu uma nuvem que os cobriu com sua sombra. E da nuvem saiu uma voz que dizia: "Este é o meu Filho, o Eleito. Escutai-o!".

(Evangelho de Lucas 9,28-30.33b-34a.35)

Como é doce permanecer diante de um crucifixo ou de joelhos diante do Santíssimo Sacramento, e fazê-lo simplesmente para estar à frente dos seus olhos. Como nos faz bem deixar que ele volte a tocar a nossa vida e nos envie para comunicar a sua vida nova. Sucede então que, em última análise, "que nós vimos e ouvimos, isso anunciamos" (1Jo 1,3). A melhor motivação para se decidir a comunicar o Evangelho é contemplá-lo com amor, é deter-se nas suas páginas e lê-lo com o coração. Se o abordamos dessa maneira, a sua beleza deslumbra-nos, volta a cativar-nos vezes sem conta. Por isso, é urgente recuperar um espírito contemplativo, que nos permita redescobrir, cada dia, que somos depositários de um bem que humaniza, que ajuda a levar uma vida nova. Não há nada de melhor para transmitir aos outros.

86

Ser Jesus hoje

Dei-vos o exemplo, para que façais assim como eu fiz para vós. Já que sabeis disso, sereis felizes se o puserdes em prática. Nisto conhecerão todos que sois os meus discípulos: se vos amardes uns aos outros.

(Evangelho de João 13,15.17.35)

Quando paramos diante de Jesus crucificado, reconhecemos todo o seu amor que nos dignifica e sustenta, mas lá também, se não formos cegos, começamos a perceber que esse olhar de Jesus se alonga e se dirige, cheio de afeto e ardor, a todo o seu povo. Lá descobrimos novamente que ele quer servir-se de nós para chegar cada vez mais perto do seu povo amado. Toma-nos do meio do povo e envia-nos ao povo, de tal modo que a nossa identidade não se compreende sem essa pertença.

Como nos faz bem vê-lo perto de todos. Se falava com alguém, fitava os seus olhos com uma profunda solicitude cheia de amor: "Jesus, fitando nele o olhar, sentiu afeição por ele" (Mc 10,21). Vemo-lo disponível ao encontro, quando manda aproximar-se o cego do caminho (cf. Mc 10,46-52) e quando come e bebe com os pecadores (cf. Mc 2,16), sem se importar que o chamem de glutão e beberrão (cf. Mt 11,19). Vemo-lo disponível, quando deixa uma prostituta ungir-lhe os pés (cf. Lc 7,36-50) ou quando recebe, de noite, Nicodemos (cf. Jo 3,1-21). A entrega de Jesus na cruz é apenas o culminar desse estilo que marcou toda a sua vida.

87

Tocar a miséria humana

Assim, livre em relação a todos, eu me tornei escravo de todos, a fim de ganhar o maior número possível. Com os judeus, me fiz judeu, para ganhar os judeus. Com os súditos da Lei, me fiz súdito da Lei – embora não fosse mais súdito da Lei –, para ganhar os súditos da Lei. Com os sem-lei, me fiz um sem-lei – eu que não era sem a lei de Deus, já que estava na lei de Cristo –, para ganhar os sem-lei. Com os fracos me fiz fraco, para ganhar os fracos. Para todos eu me fiz tudo, para certamente salvar alguns. Por causa do Evangelho eu faço tudo, para dele me tornar participante.

(1 Carta aos Coríntios 9,19-23)

Às vezes, sentimos a tentação de ser cristãos, mantendo uma prudente distância das chagas do Senhor. Mas Jesus quer que toquemos a miséria humana, que toquemos a carne sofredora dos outros. Espera que renunciemos a procurar aqueles abrigos pessoais ou comunitários que permitem manter-nos a distância do nó do drama humano, a fim de aceitarmos verdadeiramente entrar em contato com a vida concreta dos outros e conhecermos a força da ternura. Quando o fazemos, a vida complica-se sempre maravilhosamente e vivemos a intensa experiência de ser povo, a experiência de pertencer a um povo.

88

Sou uma missão

Anunciar o Evangelho não é para mim motivo de glória. É antes uma necessidade que se me impõe. Ai de mim, se eu não anunciar o Evangelho! Se eu o fizesse por iniciativa minha, teria direito a uma recompensa. Mas se o faço por imposição, trata-se de uma incumbência a mim confiada. Então, qual é a minha recompensa? Ela está no fato de eu anunciar o Evangelho gratuitamente, sem fazer uso do direito que o Evangelho me confere.

(1 Carta aos Coríntios 9,16-18)

A missão no coração do povo não é uma parte da minha vida, ou um ornamento que posso pôr de lado; não é um apêndice ou um momento entre tantos outros da minha vida. É algo que não posso arrancar do meu ser, se não me quero destruir. Eu sou uma missão nesta terra, e para isso estou neste mundo. É preciso nos considerarmos como que marcados a fogo por esta missão de iluminar, abençoar, vivificar, levantar, curar, libertar. Nisso se revela a enfermeira autêntica, o professor autêntico, o político autêntico, aqueles que decidiram, no mais íntimo do seu ser, estar com os outros e ser para os outros. Mas, se uma pessoa coloca a tarefa de um lado e a vida privada do outro, tudo se torna cinzento e viverá continuamente à procura de reconhecimentos ou defendendo as suas próprias exigências. Deixará de ser povo.

89

Maria missionária

"Recebereis o poder do Espírito Santo que virá sobre vós, para serdes minhas testemunhas em Jerusalém, por toda a Judeia e Samaria, e até os confins da terra." Depois de dizer isso, Jesus foi elevado, à vista deles, e uma nuvem o retirou aos seus olhos. Então os apóstolos deixaram o monte das Oliveiras e voltaram para Jerusalém. Entraram na cidade e subiram para a sala de cima onde costumavam ficar. Eram Pedro e João, Tiago e André, Filipe e Tomé, Bartolomeu e Mateus, Tiago, filho de Alfeu, Simão Zelota e Judas, filho de Tiago. Todos eles perseveravam na oração em comum, junto com algumas mulheres – entre elas, Maria, mãe de Jesus – e com os irmãos dele.

(Atos dos Apóstolos 1,8-9.12a-14)

*M*aria é aquela que sabe transformar um curral de animais na casa de Jesus, com uns pobres paninhos e uma montanha de ternura. Ela é a serva humilde do Pai, que transborda de alegria no louvor. É a amiga sempre solícita para que não falte o vinho na nossa vida. É aquela que tem o coração trespassado pela espada, que compreende todas as penas. Como Mãe de todos, é sinal de esperança para os povos que sofrem as dores do parto até que germine a justiça. Ela é a missionária que se aproxima de nós, para nos acompanhar ao longo da vida, abrindo os corações à fé com o seu afeto materno. Como uma verdadeira mãe, caminha conosco, luta conosco e aproxima-nos incessantemente do amor de Deus.

90

Maria de Nazaré: forte e terna

Com voz forte, Isabel exclamou: "Bendita és tu entre as mulheres e bendito é o fruto do teu ventre! Como mereço que a mãe do meu Senhor venha me visitar? Logo que a tua saudação ressoou nos meus ouvidos, o menino pulou de alegria no meu ventre. Feliz aquela que acreditou, pois o que lhe foi dito da parte do Senhor será cumprido!".

(Evangelho de Lucas 1,42-45)

Sempre que olhamos para Maria, voltamos a acreditar na força revolucionária da ternura e do afeto. Nela, vemos que a humildade e a ternura não são virtudes dos fracos, mas dos fortes, que não precisam maltratar os outros para se sentir importantes. Fixando-a, descobrimos que aquela que louvava a Deus porque "derrubou os poderosos de seus tronos" e "aos ricos despediu de mãos vazias" (Lc 1,52.53) é mesma que assegura o aconchego de um lar à nossa busca de justiça. E é a mesma também que conserva cuidadosamente "todas estas coisas ponderando-as no seu coração" (Lc 2,19). Maria sabe reconhecer os vestígios do Espírito de Deus tanto nos grandes acontecimentos como naqueles que parecem imperceptíveis. É contemplativa do mistério de Deus no mundo, na história e na vida diária de cada um e de todos. É a mulher orante e trabalhadora em Nazaré, mas é também nossa Senhora da prontidão, a que sai "às pressas" (Lc 1,39) do seu povoado para ir ajudar os outros.

91

Com licença, obrigado, desculpe

Jesus desceu, então, com seus pais para Nazaré e era obediente a eles.
Sua mãe guardava todas estas coisas no coração. E Jesus ia crescendo em
sabedoria, tamanho e graça diante de Deus e dos homens.

(Evangelho de Lucas 2,51-52)

A Sagrada Família é um exemplo que faz tanto bem às nossas famílias, ajuda-as a se tornarem sempre mais comunidades de amor e de reconciliação, na qual se experimenta a ternura, a ajuda mútua, o perdão recíproco. Recordemos as três palavras-chave para viver em paz e alegria em família: com licença, obrigado, desculpa. Quando em uma família não se é invasor e se pede "com licença", quando em uma família não se é egoísta e se aprende a dizer "obrigado" e quando em uma família um percebe que fez algo ruim e sabe pedir "desculpa", naquela família há paz e alegria. Recordemos essas três palavras. Mas podemos repeti-las todos juntos: com licença, obrigado, desculpa. Gostaria também de encorajar as famílias a tomar consciência da importância que têm na Igreja e na sociedade. O anúncio do Evangelho, de fato, passa antes de tudo pelas famílias. Invoquemos com fervor Maria Santíssima, a Mãe de Jesus e nossa Mãe, e São José, seu esposo. Peçamos a eles para iluminar, confortar, guiar cada família do mundo, para que possa cumprir com dignidade e serenidade a missão que Deus lhes confiou.

92

Aniversário de Batismo

Pelo Batismo fomos sepultados com ele na morte, para que, como Cristo foi ressuscitado dos mortos pela ação gloriosa do Pai, assim também nós vivamos uma vida nova. Pois, se fomos, de certo modo, identificados a ele por uma morte semelhante à sua, seremos semelhantes a ele também pela ressurreição. Sabemos que Cristo, ressuscitado dos mortos, não morre mais. A morte não tem mais poder sobre ele. Assim, vós também, considerai-vos mortos para o pecado e vivos para Deus, no Cristo Jesus.

(Carta aos Romanos 6,4-5.9.11)

O nosso fazer parte da Igreja não é um dado exterior e formal, não consiste em preencher um papel que nos dão, mas é um gesto interior e vital; não se pertence à Igreja como se pertence a uma sociedade, a um partido ou a uma organização qualquer. O vínculo é vital, como aquele que temos com a nossa mãe. Se sou grato também aos meus pais, porque me concederam a vida, sou grato à Igreja, porque me gerou na fé mediante o Batismo. Quantos cristãos recordam a data do próprio Batismo? Todavia, o dia do Batismo é a data do nosso nascimento na Igreja, a data em que a nossa Igreja-mãe nos deu à luz. E agora, dou-vos um dever para fazer em casa. Ide procurar bem qual é a data do vosso Batismo para mantê-la no coração e para festejar, para dar graças ao Senhor por esse dom.

93

O dom da unidade

Eu, prisioneiro no Senhor, vos exorto a levardes uma vida digna da vocação que recebestes: com toda humildade e mansidão, e com paciência, suportai-vos uns aos outros no amor, solícitos em guardar a unidade do Espírito pelo vínculo da paz. Há um só corpo e um só Espírito, como também é uma só a esperança à qual fostes chamados. Há um só Senhor, uma só fé, um só batismo, um só Deus e Pai de todos, acima de todos, no meio de todos e em todos.

(Carta aos Efésios 4,1-6)

Deus concede-nos a unidade, mas nós muitas vezes temos dificuldade em vê-la. É preciso procurar, construir a comunhão, educar para a comunhão, para superar incompreensões e divisões, a começar pela família, pelas realidades eclesiais, inclusive no diálogo ecumênico. O nosso mundo precisa de unidade; vivemos numa época em que todos nós precisamos de unidade, temos necessidade de reconciliação e de comunhão; e a Igreja é uma Casa de comunhão.

Humildade, amabilidade, magnanimidade e caridade para conservar a unidade! São estas as veredas, os verdadeiros caminhos da Igreja. Ouçamo-las mais uma vez: humildade contra a vaidade, contra a soberba; humildade, amabilidade, magnanimidade e caridade para conservar a unidade. A riqueza daquilo que nos une! E essa é uma riqueza autêntica: o que nos une, não o que nos divide! Essa é a riqueza da Igreja.

94

Compromisso com a unidade

Se alguém julga ser religioso, mas não refreia a sua língua, engana-se a si mesmo: a sua religiosidade é vazia. Com a língua Com a língua bendizemos o Senhor e Pai, e com ela amaldiçoamos as pessoas, feitas à imagem de Deus. Da mesma boca saem bênção e maldição! Ora, meus irmãos, não convém que seja assim.

(Carta de Tiago 1,26; 3,9-10)

Hoje, cada um deve interrogar-se: Faço crescer a unidade na família, na paróquia, na comunidade, ou sou um tagarela, uma tagarela? Sou motivo de divisão, de dificuldade? Mas vós não sabeis o mal que os mexericos fazem à Igreja, às paróquias, às comunidades! Fazem mal! As bisbilhotices ferem! Antes de fofocar, o cristão deve morder a sua língua! Morder a língua: isto lhe fará bem, porque a língua inchará e não poderá falar, não conseguirá fofocar. Tenho a humildade de curar, com paciência e sacrifício, as feridas na comunhão?

Peçamos ao Senhor: Senhor, concedei-nos a graça de viver cada vez mais unidos, de nunca sermos instrumentos de divisão; fazei com que nos comprometamos, como reza uma bonita prece franciscana, a levar o amor onde houver ódio, a levar o perdão onde houver ofensa e a levar a união onde houver discórdia. Assim seja!

95

A unidade é obra do Espírito Santo

Há diversidade de dons, mas o Espírito é o mesmo. Há diversidade de ministérios, mas o Senhor é o mesmo. Há diferentes atividades, mas é o mesmo Deus que realiza tudo em todos. A cada um é dada a manifestação do Espírito, em vista do bem de todos. Como o corpo é um, embora tenha muitos membros, e como todos os membros do corpo, embora sejam muitos, formam um só corpo, assim também acontece com Cristo.

(1 Carta aos Coríntios 12,4-7.12-12)

Quem é o motor dessa unidade da Igreja? É o Espírito Santo, que todos nós recebemos no Batismo e também no Sacramento da Confirmação. É o Espírito Santo! A nossa unidade não é primariamente fruto do nosso consenso, nem da democracia no seio da Igreja, nem sequer do nosso esforço de estar em sintonia, mas deriva daquele que faz a unidade na diversidade, porque o Espírito Santo é harmonia, sempre cria a harmonia na Igreja. Trata-se de uma unidade harmoniosa no meio de toda a diversidade de culturas, línguas e pensamentos. O motor é o Espírito Santo! Por isso, é importante a oração, que constitui a alma do nosso compromisso de homens e mulheres de comunhão e de unidade. A oração ao Espírito Santo, a fim de que venha e construa a unidade na Igreja.

96

Deus te espera

Dois homens subiram ao templo para orar. Um era fariseu, o outro publicano. O publicano, porém, ficou a distância e nem se atrevia a levantar os olhos para o céu; mas batia no peito, dizendo: "Meu Deus, tem compaixão de mim, que sou pecador!" Eu vos digo: este último voltou para casa justificado...

(Evangelho de Lucas 18,10.13-14a)

"*Mas*, Padre, eu sou um pecador, cometi grandes pecados, como posso sentir-me parte da Igreja?" Amado irmão, querida irmã, é precisamente isto que o Senhor deseja, que tu lhe digas: "Senhor, eis-me aqui com os meus pecados!". O Senhor quer ouvir-nos dizer: "Perdoai-me, ajudai-me a caminhar, transformai o meu coração!". E o Senhor pode transformar o coração. Na Igreja, o Deus que encontramos não é um juiz cruel, mas é como o pai da parábola evangélica. Podes ser como o filho que deixou a casa, que tocou o fundo da distância de Deus. Quando tiveres a força de dizer: "Quero voltar para casa", encontrarás a porta aberta, Deus vem ao teu encontro porque te espera sempre; Deus te espera sempre, Deus abraça-te, beija-te e faz festa. Assim é o Senhor, esta é a ternura do nosso Pai celeste.

97

Unidade na diversidade

Como, num só corpo, temos muitos membros, cada qual com uma função diferente, assim nós, embora muitos, somos em Cristo um só corpo e, cada um de nós, membros uns dos outros. Temos dons diferentes, segundo a graça que nos foi dada.

(Carta aos Romanos 12,4-6)

A Igreja é católica, porque é a "Casa da harmonia", onde unidade e diversidade sabem conjugar-se para se tornar uma riqueza. Pensemos na imagem da sinfonia, que quer dizer acordo e harmonia, diversos instrumentos que tocam juntos; cada qual mantém o seu timbre inconfundível e as suas características sonoras sintonizam-se em algo de comum. Depois há quem guia, o diretor, e na sinfonia que é executada todos tocam juntos, em harmonia, mas não se cancela o timbre de cada instrumento; aliás, a peculiaridade de cada um é valorizada ao máximo.

E entre os componentes existe essa diversidade, mas trata-se de uma diversidade que não entra em conflito, que não se opõe; é uma variedade que se deixa fundir de modo harmonioso pelo Espírito Santo. Ele é o verdadeiro "maestro", ele mesmo é harmonia. A vida da Igreja é variedade, e quando queremos instaurar essa uniformidade em todos, acabamos por matar os dons do Espírito Santo.

98

Igreja samaritana

Certo homem descia de Jerusalém para Jericó e caiu nas mãos de assaltantes. Estes arrancaram-lhe tudo, espancaram-no e foram-se embora, deixando-o quase morto. (...) Mas um samaritano, que estava viajando, chegou perto dele, viu, e moveu-se de compaixão. Aproximou-se dele e tratou-lhe as feridas, derramando nelas óleo e vinho. Depois o colocou em seu próprio animal e o levou a uma pensão, onde cuidou dele.

(Evangelho de Lucas 10,30.33-34)

Esta Igreja com a qual devemos "sentir" é a casa de todos, não uma pequena capela que só pode conter um grupinho de pessoas selecionadas. Não devemos reduzir o seio da Igreja universal a um ninho protetor da nossa mediocridade. E a Igreja é Mãe.

Vejo com clareza que aquilo de que a Igreja mais precisa hoje é a capacidade de curar as feridas e de aquecer o coração dos fiéis, a proximidade. Vejo a Igreja como um hospital de campanha depois de uma batalha. É inútil perguntar a um ferido grave se tem o colesterol ou o açúcar altos. Devem curar-se as suas feridas. Depois podemos falar de todo o resto. Curar as feridas, curar as feridas... E é necessário começar de baixo.

A Igreja, por vezes, encerrou-se em pequenas coisas, em pequenos preceitos. O mais importante, no entanto, é o primeiro anúncio: "Jesus Cristo te salvou!". E os ministros da Igreja devem ser, acima de tudo, ministros de misericórdia.

99

Oração memoriosa

"A minha alma engrandece o Senhor, e meu espírito se alegra em Deus, meu Salvador, porque ele olhou para a humildade de sua serva. To-das as gerações, de agora em diante, me chamarão feliz, porque o Poderoso fez para mim coisas grandiosas. O seu nome é santo, e sua misericórdia se estende de geração em geração sobre aqueles que o temem. Ele mostrou a força de seu braço: dispersou os que têm planos orgulhosos no coração. Der-rubou os poderosos de seus tronos e exaltou os humildes. Encheu de bens os famintos, e mandou embora os ricos de mãos vazias. Acolheu Israel, seu servo, lembrando-se de sua misericórdia, conforme prometera a nossos pais, em favor de Abraão e de sua descendência, para sempre."

(Evangelho de Lucas 1,47-55)

A oração é para mim uma oração memoriosa, cheia de memória, de recordações, também memória da minha história ou daquilo que o Senhor fez na sua Igreja ou numa paróquia particular... E pergunto-me: "Que fiz por Cristo? Que faço por Cristo? Que farei por Cristo?". Mas, sobretudo, eu sei também que o Senhor tem memória de mim. Eu posso esque-cer-me dele, mas sei que ele nunca, nunca, se esquece de mim. A memória funda radicalmente o coração de um jesuíta: é a memória da graça, a memória de que se fala no Deuteronômio, a memória das obras de Deus que estão na base da aliança entre Deus e o seu povo. É essa memória que me faz filho e me faz ser também pai.

100

Igreja mãe e pastora

"Quem de vós que tem cem ovelhas e perde uma, não deixa as noventa e nove no deserto e vai atrás daquela que se perdeu, até encontrá-la? E quando a encontra, alegre a põe nos ombros e, chegando em casa, reúne os amigos e vizinhos, e diz: 'Alegrai-vos comigo! Encontrei a minha ovelha que estava perdida!'. Eu vos digo: assim haverá no céu alegria por um só pecador que se converte, mais do que por noventa e nove justos que não precisam de conversão."

(Evangelho de Lucas 15,4-7)

Como estamos tratando o povo de Deus? Sonho com uma Igreja mãe e pastora. Os ministros da Igreja devem ser misericordiosos, tomar a seu cargo as pessoas, acompanhando-as como o bom samaritano que lava, limpa, levanta o seu próximo. Isso é Evangelho puro. Deus é maior que o pecado. As reformas organizativas e estruturais são secundárias, isto é, vêm depois. A primeira reforma deve ser a da atitude. Os ministros do Evangelho devem ser capazes de aquecer o coração das pessoas, de caminhar na noite com elas, de saber dialogar e mesmo de descer às suas noites, na sua escuridão, sem se perder.

Cronologia da vida do Papa Francisco

1936 Em 17 de dezembro, nasce Jorge Mario Bergoglio, em Buenos Aires (Argentina), filho de migrantes italianos. É o mais velho de cinco irmãos (dois irmãos e duas irmãs). Dos cinco filhos do casal, só vivem o mais velho (o atual papa) e a caçula, Maria Helena.

1953 No dia 21 de setembro, festa de São Mateus, depois de uma confissão sacramental, sente a misericórdia de Deus e o chamado à vida sacerdotal.

1958 Em 11 de março, ingressa no noviciado da Companhia de Jesus (jesuítas). Era formado em Química pela Universidade de Buenos Aires.

1963 Gradua-se em Filosofia. Entre os anos 1964 a 1966, leciona Literatura e Psicologia no Colégio Imaculada e no Colégio do Salvador, em Buenos Aires.

1969 Gradua-se em Teologia e é ordenado sacerdote no dia 13 de dezembro de 1969.

1973 Em 22 de abril, faz a profissão perpétua na Companhia de Jesus, após ter completado a sua formação jesuítica (1970-1971), em Alcalá de Henares (Espanha). É nomeado mestre de noviços, no Seminário da Villa Barilari (1972-1973), em São Miguel (Argentina), professor de Teologia, consultor da província e reitor do Colégio Máximo.

1973 Em 31 de julho, é eleito provincial dos jesuítas da Argentina (1973-1979).

1979 Após o período de provincialado, retorna a San Miguel (1979 a 1985), onde é professor de Teologia Pastoral, reitor da Faculdade de Filosofia e de Teologia de San Miguel e primeiro pároco da paróquia do Patriarca São José.

1986 Vai para a Alemanha para concluir a sua tese de doutorado. Retornando à Argentina, seus superiores o enviam para a cidade de Córdoba como diretor espiritual e confessor.

1992 Em 20 de maio, o Papa João Paulo II o nomeia bispo auxiliar de Buenos Aires. Sua ordenação episcopal deu-se em 27 de junho de 1992.

1998 Em 28 de fevereiro, é nomeado arcebispo metropolitano de Buenos Aires.

2001 Em 21 de fevereiro, o Papa João Paulo II o nomeia cardeal.

2005 Até 2011, é presidente da Conferência Episcopal Argentina.

2013 No dia 13 de março, é eleito papa e escolhe o nome de Francisco.

Referências bibliográficas

PAPA FRANCISCO. Carta encíclica *Lumen Fidei* (A Luz da Fé). São Paulo: Paulinas, 2013.

_____. Exortação Apostólica *Evangelii Gaudium* (A Alegria do Evangelho). São Paulo: Paulinas, 2013.

_____. *Palavras do Papa Francisco no Brasil*. São Paulo: Paulinas, 2013.

www.vatican.va – Papa Francisco.

Sumário

Apresentação 5
1. Fui eu que vos escolhi 7
2. Por que me chamo Francisco? 8
3. Francisco e o amor aos pobres 9
4. Pontífice: construtor de pontes 10
5. Caminhar, edificar, confessar 11
6. Diálogo inter-religioso 12
7. Hospitalidade e acolhida 13
8. A casa da Mãe Aparecida 14
9. Deus é a nossa esperança 15
10. Protagonistas de um mundo melhor 16
11. Deixe-se surpreender por Deus 17
12. Abraçar Jesus no irmão 18
13. Portadores de esperança 19
14. Deus vem ao nosso encontro 20
15. Vim visitá-los 21
16. A cultura do descartável 22
17. Fome de pão e de justiça 23
18. Bote fé 24
19. Deus no centro 25
20. Ponha Cristo em sua vida 26
21. Juventude: uma janela para o futuro 27
22. A cultura da solidariedade 28
23. Jesus carrega nossas cruzes 29
24. Ir contra a corrente 30
25. Deus nunca se cansa de perdoar 31
26. O filho da viúva de Naim 32
27. Mártires de ontem e de hoje 33
28. Ouvir a consciência 34
29. Exemplos de vida 35
30. Onde está o teu tesouro? 36

31. O rosto de Deus 37
32. Sinal de contradição..38
33. A misericórdia de Deus 39
34. Rezar com insistência...40
35. Vocação à santidade 41
36. O caminho da santidade 42
37. A voz do Pastor...43
38. A porta estreita...44
39. Jesus é porta...45
40. Compromisso pela paz...46
41. Deus é alegre..47
42. Alegria pelo filho que volta 48
43. Sede misericordiosos 49
44. José: o guardião 50
45. Cuidadores da criação 51
46. Cuidar de nós mesmos...52
47. Tradições religiosas..53
48. Aliados...54
49. Seguir o Crucificado 55
50. Quem sou eu na via-sacra? 56
51. A luz da fé 57
52. A fé é uma luz no caminho 58
53. Confiar-se à misericórdia de Deus.......................................59
54. Deus conduz a história..60
55. Jesus revela-nos o Pai..61
56. A verdade...62
57. A transmissão da fé...63
58. Comunidade de fé...64
59. A família educadora da fé...65
60. Presença luminosa...66
61. Fraternidade: caminho para a paz.......................................67
62. A alegria do Evangelho 68
63. Volta para Deus...69
64. Deus nunca desiste de você..70

65. Alegria da fé 71
66. Felizes os pobres e simples...72
67. Vai, eu te envio 73
68. O cheiro das ovelhas 74
69. Portas abertas 75
70. Igreja missionária 76
71. Economia da exclusão 77
72. Globalização da indiferença 78
73. Deus habita a cidade 79
74. Encontro e solidariedade 80
75. Relacionamentos que curam..81
76. Por que as guerras? 82
77. O testemunho cristão 83
78. O amor fraterno...84
79. Expressão popular da fé..85
80. Leitura orante da Palavra 86
81. Fé e compromisso social 87
82. Opção preferencial pelos pobres......................................88
83. A vocação política 89
84. Novas formas de pobreza 90
85. O espírito de contemplação...91
86. Ser Jesus hoje 92
87. Tocar a miséria humana 93
88. Sou uma missão 94
89. Maria missionária...95
90. Maria de Nazaré: forte e terna 96
91. Com licença, obrigado, desculpe 97
92. Aniversário de Batismo...98
93. O dom da unidade..99
94. Compromisso com a unidade 100
95. A unidade é obra do Espírito Santo..................................101
96. Deus te espera...102
97. Unidade na diversidade 103
98. Igreja samaritana...104

99. Oração memoriosa 105
100. Igreja mãe e pastora...106
Cronologia da vida do Papa Francisco......................................107
Referências bibliográficas 108

Rua Dona Inácia Uchoa, 62
04110-020 – São Paulo – SP (Brasil)
Tel.: (11) 2125-3500
http://www.paulinas.com.br – editora@paulinas.com.br
Telemarketing e SAC: 0800-7010081